高中物理

深度学习中的教与学

解凤英 ◎主编

东北师范大学出版社

长 春

图书在版编目（CIP）数据

高中物理深度学习中的教与学 / 解凤英主编. —长春：东北师范大学出版社，2021.4
ISBN 978-7-5681-7596-8

Ⅰ.①高… Ⅱ.①解… Ⅲ.①中学物理课—教学研究—高中 Ⅳ.①G633.72

中国版本图书馆CIP数据核字（2021）第065213号

□责任编辑：石　斌　　　　　□封面设计：言之凿
□责任校对：刘彦妮　张小娅　□责任印制：许　冰

东北师范大学出版社出版发行
长春净月经济开发区金宝街 118 号（邮政编码：130117）
电话：0431-84568115
网址：http://www.nenup.com
北京言之凿文化发展有限公司设计部制版
北京政采印刷服务有限公司印装
北京市中关村科技园区通州园金桥科技产业基地环科中路 17 号（邮编：101102）
2022年4月第1版　　2022年4月第1次印刷
幅面尺寸：170mm×240mm　印张：13.75　字数：201千

定价：45.00元

编　委　会

在教师职业日益走向专业化的今天，教师教育的课程与模式的改革也在不断深化，人们越来越认可杜威"教育师资的问题，是众多专业人员培育问题的一种而已"的论述。为了更好地培养一线教师成长为专业性强的骨干教师，广东省教育厅建立了中小学名教师工作室，广东省中小学教师培训中心协助省教育厅开展相关工作，同时省教育厅委托各省级中小学教师发展中心做好工作室具体的业务管理与指导工作。

工作室是教师发展的平台，以一位教师做引领，组织十几个不同地区的成员加入，并以高校专家和教研专家为指导建成一个师资培养的团队，目的是培养一批教师从骨干教师成为名师。工作室以培训、跟岗、送教等形式开展培训，同时每个工作室要做课题研究，所研究的范畴均为教育的热门话题或教学中遇到的疑难问题。广东省解凤英名教师工作室就是其中的一个。工作室以名师为引领，以学科为纽带，以先进的教育教学思想为指导，旨在搭建促进中青年教师专业成长以及名师自我提升的发展平台，打造一支在学科教学教研中有成就、有影响的高层次教师团队。工作室以"名师带动"为原则，以网络平台为依托，以课题研究为重要方式，以课堂教学改革为主要内容，以提高教育教学质量为根本目的，通过开展一系列行之有效的教育教学理论和实践研究，为教师的专业成长提供学习、交流的平台和可借鉴的应用模式。工作室通过指导青年教师、开展课题研究、推广教学成果、开发教学资源，实现这个平台的价值。

2001年7月教育部颁布《基础教育课程改革纲要（试行）》，我国提出"以学生发展为本"的新课程理念。学习方式的转变是我国课程改革的核心任务，尤其是以2017年各科新课程标准的出版为标志的新课程改革对学生学习方式也提出了更高、更新的要求。在国家纲领性文件的引领下，一线教学教研工作者积极投身于新一轮的教学教研改革实践中，在这一背景下，广东省解凤英名教师工作室组织开展了"促进深度学习的高中物理课堂教学策略"的课题研究与实践。改革教育、发展教育最终都要通过教师的教育实践才能实现，教师自身专业化的发展不仅有助于教学的有效开展，也是学校乃至教育发展的重要因素。在课程标准的基础上以"核心素养"为时代背景，新一轮教学改革中学生深度学习的达成，必须建立在教师深度备课的基础之上。

本书的内容一部分来源于课题研究的成果，一部分为教师在教学过程中指导学生学习的方法、经验和效果的一手实践性材料，还有教研活动的开展和教师专业素养培养的一手材料。这些来自一线的一手实践材料既可以作为指导教师备课和上课的材料，也可以作为从事科学研究和专业发展的具有一定指导性的参考资料。本书共分为七章，分别就深度学习的提出及现状、深度学习的内容整合、影响深度学习的因素、深度学习的课堂教学设计、深度学习的评价和深度教研等方面进行了初步的探讨。

第一章是高中物理深度学习与教学的现状，通过对深度学习概念的解析，明确高中物理中的深度学习是区别于浅层学习和虚假学习的真正投入式的学习，是学生真正参与、深入思考的学习，是对物理知识进行深入探究的学习。目前，相当一部分高中物理教学课堂上，学生并没有真正做到深度学习，一大部分课堂还处于以学生被动记忆知识和训练考试能力为主的应付式学习的状态中。

第二章是高中物理深度学习的重要性和影响因素。深度学习不是教师为了改革而进行的创新，而是教育教学改革中的应有之义，真正有意义的教学需要学生真正学习，教育改革需要教师指导学生进行深度学习，让学习在学生身上真正发生，学生要成为学习的真正主人，要学会学习。深度学习的方式对学生一生的发展起着非常重要的作用。

第三章是高中物理深度学习的特点和学生行为生成。学生的学习行为是具有明确目的性的，要经过学习才会形成的行为，这不是先天的本能，而是后天有意识培养的结果。深度学习尤其强调教师对学生学习的引导和帮助，为促进学生深度学习，就要培养学生良好的物理学习习惯。学习习惯是学生在长期学习实践过程中逐渐形成的一种处理问题的方式，好的学习习惯有助于学生的学习，坏的学习习惯不利于学生的学习。本章从通过深度学习培养学生正确的学习习惯、通过深度学习培养学生正确的物理思维方式、通过深度学习帮助学生进行情绪调整、通过深度学习帮助学生构建物理知识结构四个方面，对深度学习中学生的行为特征进行探讨。

第四章是高中物理深度学习中的内容资源。这一章从如何选择深度学习的内容；整合深度学习内容的教学策略；整合有趣的实验现象创设物理情境；图表整合，提出猜想和假设；基于教材整合，走向深度学习等方面进行阐述。重点概括了基于"生产生活""科技、社会和经济发展""学生的分析综合能力"和"物理实验"四个方面的教学策略及实例。

第五章是高中物理深度学习中的活动过程设计。本章重点从深度学习任务的制定角度展开，结合案例探讨如何更有效地促进学生的深度学习，引领学生深度学习的方向，从而促进学生物理核心素养的提升。本章提出围绕深度学习任务的教学设计首先要与学习目标的达成相一致，提出深度学习的目标、章节学习目标和习题设计目标等，以学习目标为导向，剖析深度学习任务的特性和类型，探究如何设计深度学习任务，提出深度学习任务制定的策略。

第六章是高中物理深度学习中的效度评价。在教学过程中，教师需要通过实验与实践，对学生在学习过程各个时段中的学习效果从不同维度进行评价。本章既探讨了学生学习评价的类型，如即时评价、过程评价、阶段性评价；又对教师组织学习活动的效度，从活动组织效度评价和个体学习效度评价两方面进行了探讨。多维度的效度评价可以考量学习方式的适切性，从而为更好地改进教学提供切实的资料依据，进而有效地促进学生深度学习。

第七章是物理教师专业素养提升与深度教研。内容以深度教研、深度备课为主，论述促进教师自身专业素养提升的途径，提出新形势下教研工作更需要围绕学生核心素养发展，发挥智慧创造，探索提升教师专业素养，促进学生深度学习的深度教研新路；倡导以促进深度学习的高中物理深度备课理念为指导，进行高中物理教师深度备课的探索，给出基于深度学习的高中物理深度备课的原则与路径，并提供成熟的深度备课案例，使备课具有物理学内在逻辑，符合时代需求与学生学习规律。将情境、知识、能力和态度有机整合的备课模式，可以有效促进学生深度学习、深度反思，提高学生核心素养，同时能够进一步提升高中物理教师的备课质量，从而促进教师自身专业素养的提高。

新课程改革要求广大教师必须做出应对，在"立德树人"总目标的指引下，真正做到教育教学"为学生的一生发展服务"，而学生一生发展最重要的奠基就是学会学习。因此，教师必须从学生的需要出发，从教学改革的目标出发，培养会学习、肯钻研的社会主义建设者和接班人。

本书的出版既体现了工作室教师在教学中的深度教研探索过程，又涵盖了编者对深度学习过程中教师的教与学生的学的基本问题的思考和建议。本书由解凤英担任主编，许开慧任副主编，操瑞英、方东、黄启芬、江敏丽、欧志鹏、吴川广、翟彦奇、朱广泉为编委，在编写过程中得到了谢卫东和张增慧老师的指导。工作室全体成员愿意将我们的教学探索与各位教育同人分享，同时，笔者也诚恳地希望得到教学名师的指教和斧正。

追求教育教学梦想，我们一直在路上。

解凤英

2020年10月10日

目录

第一章

高中物理深度学习与教学的现状

第二章

高中物理深度学习的重要性和影响因素

第三章

高中物理深度学习的特点和学生行为生成

第四章

高中物理深度学习中的内容资源

第五章

高中物理深度学习中的活动过程设计

第六章

高中物理深度学习中的效度评价

第七章
物理教师专业素养提升与深度教研

第一章

高中物理深度学习
与教学的现状

第一节　关于深度学习

一、深度学习的界定

深度学习的概念源于人工神经网络的研究，深度学习是机器学习中一种基于对数据进行表征学习的方法，是用于建立、模拟人脑进行分析学习的神经网络，并模仿人脑的机制来解释数据的一种机器学习技术。"深度学习"的名词迁移到高中学生的学习活动中来，指在教师的引领下，学生围绕具有挑战性的学习主题，全身心积极参与、体验成功、获得发展的有意义的学习过程。学科教学中的深度学习是当前学习科学中提出的主要概念，与那种只是机械地、被动地接受知识，孤立地存储信息的浅层学习相比，深度学习强调学习者积极主动地学习，批判性地学习，学习效果明显优于浅层学习。深度学习是学生感觉、思维、情感、意志、价值观全面参与的全身心投入的活动。

深度学习被教育工作者引入教学后，又被赋予教学上的含义。由于深度学习在机器学习领域中本身就是一个刚提出不久的新概念，所以目前教育专家们对深度学习所赋予的含义还没有统一。

国内学者何玲和黎加厚（2005）对深度学习内涵的界定最具代表性。他们认为，深度学习是指在理解的基础上，学习者能够批判地学习新思想和事实，并将它们融入原有的认知结构中，能够在众多思想间进行联系，并能够将已有的知识迁移到新的情境中，做出决策和解决问题的学习。段金菊和余胜泉（2013）在此定义的基础上对深度学习的内涵又做了进一步的补充，并将其概括为以下三点：能够帮助学习者在新旧知识之间建立联系，引导学习者在学习的过程中进行积极的反思和元认知的参与，以及帮助学习者锻炼高阶思维能力。其主要从深度学习的认知表征能力出发来定义深度学习，同时从深度学习的学习目标、思维活动、行为表征以及学习结果四个方面区分深度学习和浅层学习，主要强调深度学习重点培养学习者的分析、创造等高阶认知能力，同时关注情感与行为的高投入，注重在认知上形成概念的转变和复杂认知结构的形成。胡航和董玉琦（2017）在《技术促进深度学习》一文中将深度学习定义为：深度学习是提倡主动性、批判性的有意义学习，要求学习者在真实社会情境和复杂技术环境中通过深层次加工知识信息，主动建立新旧知识间的联系，实现对复杂概念的深度理解，并将所学的知识应用到真实情境中解决复杂问题，最终实现学习者高阶思维能力的发展。

不同学者赋予深度学习的含义是互有差异的，如阎乃胜认为深度学习是指"对信息予以深度加工，深刻理解和掌握复杂概念的内在含义，建构起个人情景化的知识体系，以知识迁移推进现实任务的完成"。张浩等人认为"深度学习是一种主动的、批判性的学习方式，也是实现有意义学习的有效方式"，深度学习要求"学习者进行理解性的学习、批判性的高阶思维、主动的知识建构、有效的知识迁移及真实问题的解决"。站在学校现实教育的角度来说，有学生的深度学习，就应该有教师的深度教学。郭永祥从知识的"符号""逻辑""意义"三方面论述了基于深度学习的深度教学："有效教学必须超越表层的符号教学，由符号教学走向逻辑教学和意义教学的统一，我把这种统一称为深度教学。"因而，较为直观的表达为：浅层学习处于较低的认知水平，是一种低级认知技能的获得，涉及低阶思维活动；而深度学习则处于高级的认知水平，面向高级认知技能的获得，涉及高阶思维（higher-order thinking）活动。高阶思维是深度学习的核心特征，发展高阶思维能力有助于实现深度学习，深度学习又有助于促进学习者高阶思维能力的发展。我们较为认可深度学习是一种以促进学生批判性思维和创新精神发展为目的的学习，它不仅强调学习者积极主动的学习状态、知识整合和意义连接的学习内容、举一反三的学习方法，还强调学生高阶思维和复杂问题解决能力的提升。深度学习不仅关注学习结果，也重视学习状态和学习过程。深度学习是一种基于理解的学习，是指学习者以高阶思维的发展和实际问题的解决为目标，以整合的知识为内容，积极主动地、批判性地学习新的知识和思想，并将它们融入原有的认知结构中，且能将已有的知识迁移到新的情境中的一种学习。

二、深度学习的背景

进入新世纪，世界范围内的教育改革开始关注课程与教学层面的革新，把教育改革的基本理念落实到课程与教学、课堂与师生活动上。全球化基础教育课程改革的浪潮汹涌澎湃，涤荡着世界各个角落。自20世纪90年代以来，世界各国陆续开展了"转变学习方式"的探究，如欧美国家纷纷倡导"主题探究"与"设计教学"活动，日本在新课程体系中专设"综合性学习时间"，我国台湾则强调学生的主动探究和探究精神以及解决问题的能力。2001年7月我国教育部颁布《基础教育课程改革纲要（试行）》，提出"以学生发展为本"的新课程理念。学习方式的转变是我国课程改革的核心任务，尤其是以2017年各科新课标出版为标志的新课程改革对学生学习方式也提出了新的要求。《普通高中物理课程标准（2017年版）》（以下简称《新课标》）强调，高中物理课程是普通高中自然科学领域的一门基础课程，旨在落实立德树人根本任务，进一步提升学生的物理学科核心素养，为学生的终身发展奠定基础，促进人类科学事业的传承与社会的发展。

《新课标》基本理念的第一点强调："注重体现物理学科本质，培养学生物理核心素养。高中物理课程注重体现物理学科的本质，从物理观念、科学思维、科学探究、科学态度与责任等方面提炼学科育人价值，充分体现物理学科对提高学生核心素养的独特作用，为学生终身发展，应对现代和未来社会发展的挑战打下基础。"而要实现这样的要求，就要使学生的学习方式发生变化，《新课标》基本理念的第四点指出，"引导学生自主学习，提倡教学方式多样化，高中物理课程通过创设学生积极参与、乐于探究、善于实验、勤于思考的学习情境，培养和发展学生的自主学习能力，通过多样化的教学方式，利用现代化信息技术引导学生理解物理学的本质，整体认识自然界，形成科学思维习惯，增强学科探究能力和解决实际问题的能力"。第五点指出"促进学生的核心素养的发展，其中特别强调帮助学生认识自我、建立自信、改进学习方式、发展核心素养"。由此我们可以看出，要培养学生的物理核心素养，需要改变教师的教学方式和学生的学习方式，而学生的学习方式要有利于培养核心素养，传统的授课是不能实现这一功能的，所以要探寻一种更有效的学习方式，可以让"学生理解物理学的本质，整体认识自然界，形成科学思维习惯，增强学科探究能力和解决实际问题的能力"，而浅表式地学习知识，碎片化地掌握知识不能实现这一目的，因此我们需要深度教学，让学生深度学习，让学习真正、真实地发生。

在课堂教学中仍然存在着许多不容忽视的问题，如学生的学习方式并没有发生有效的转变。教师的教育观念、教学方式的转变最终要落实到学生学习方式的转变上。在新的高考改革和课程改革阶段，必须实施促进学生深度学习的高中物理课堂教学策略，从而实现核心素养的真正落地。

三、深度学习的现状和要求

国外对深度学习的研究较早、发展较快，较为成熟，国内学者也从不同的研究角度对深度学习进行了不同的定义。

1. 深度学习的研究现状

深度学习研究的理论背景是杜威的"儿童中心论"和"做中学"以及"建构主义的发展"等。1988年，Ramsden, P.发展了关于浅层学习和深度学习的相关理论，他首次提出了深度学习的核心理念，即深度学习者善于把握知识的内在联系。1999年，J.Biggs阐述了教师的教学行为对学生导向浅层学习或深度学习的影响。随着批判性思维和杜威教育理论的影响，国外在深度学习方面的研究理论逐渐丰富并完善起来，在教学策略对深度学习的影响方面，Eric Jensen的《深度学习的7种有力策略》的阐述是很深入的。在现有深度学习的研究中，由美国威廉和弗洛拉·休利特基金会发起，美国研究院组织实施的Study of Deeper

Learning: Opportunities and Outcomes（SDL）项目，无论在理论发展还是实践创新方面，都具有里程碑式的意义。2004年，美国教育传播与技术协会（AECT）对"教育技术"进行了全新的解释，指出学习的价值在于对知识的深度加工，教育技术学者应该关注什么样的技术和资源对深度学习的发展更有促进和支持作用。这才引起了国内学者对深度学习的广泛关注，国内有关深度学习的研究也才真正发展起来。

国内对深度学习的研究比较滞后，仍然停留在理论研究向实践研究过渡阶段，并没有大范围地在中学阶段开始实践，是非常有实践研究的前景价值的。相对较早的是2004年王珏的《杜威的教育思想与深度学习》，他把深度学习与杜威教育思想紧密地联系在一起。另外，还有胡丹的《促进深度学习的教学策略研究》和傅竹伟的《在高中物理教学中促进学生深度学习的研究》。基于目前对深度学习的认识和研究现状，实践是一个关键环节，也是需要广大一线教师去践行的重要部分，理论可以指导实践，理论却永远不能代替实践。

随着信息技术的发展以及学习环境的变化，人们对深度学习的理解和要求也发生了变化，国内学者逐渐开始关注基于深度学习的学习模型的研究。2016年，中南大学刘中宇等人提出依托技术创新和环境支持构建基于深度学习的个性化学习模型，其主要从学习交互、实践、知识深加工及智能导学等方面出发，以期帮助学习者在当前碎片化学习形式下提高学习效率，促进学习者构建个性化知识结构体系（刘中宇，高雨寒，胡超，2016）。2017年，张立国等人在建构主义基础上提出基于问题解决的深度学习模型，将问题解决作为一种途径以锻炼学习者的深度学习能力，并在这个过程中培养学习者的批判思维能力（张立国，谢佳睿，王国华，2017）。随后，余胜泉等人提出基于学习元的双螺旋深度学习模型，反映了一种社会互动、群建共享、认知递进的深度学习理念，以期培养学习者的批判性学习能力及实现深度学习的目标（余胜泉，段金菊，崔京菁，2017）。对深度学习模型的研究主要是在学习科学的视域进行的，主要目的是促进学习者的理解性学习，从学习者个人、学习同伴的交互以及学习者综合能力的发展出发，达到学习者深度学习的目标。

2. 深度学习的实施现状

目前，深度学习还主要停留在理论层面。深度学习是学习者基于理解性学习的目标，采用批判、反思、整合、应用等方式对知识进行同化及深度加工的学习活动。深度学习在实施过程中还会遇到很多新的问题，需要不断进行理论完善和实践改进。深度学习不仅是一种学习方式，而且是一种为了培养学生的核心素养、促进学生全面发展的积极的、有意义的学习行动。

基础教育阶段对深度学习的理解，就是学生能够根据当前的学习活动调动以往的知识经验，建构出自己的知识网络；能在学习的过程中开展积极的沟通与合作，同时富含个性化的理解；能够抓住学习内容的关键特征，全面把握学科知识的本质联系；能将学到的知识进行迁移与应用。学生达成深度学习，必须建立在教师进行深度备课的基础之上，因此，当前的首要工作是让教师先有深度学习的意识和一定的理解，并在教学过程中加以体现，有意识地引导学生学会学习，进行深度学习。

在高中物理教学中，我们可以通过指导学生进行深度学习，来更好地培养学生的"物理观念、科学思维、科学探究、科学态度与责任"等物理核心素养。深度学习的目的指向具体的、社会的人的全面发展，是形成学生核心素养的基本途径。深度学习的内容是有挑战性的人类已有的认知成果，深度学习的过程具有探究性和挑战性，深度学习要求学生能够运用批判性的学习思想，将知识融入原有的认知结构中，并迁移到新的情境，从而解决新的问题。新的课程标准要求学生变"被动接受"为"主动学习"，变"浅层学习"为"深度学习"。

3. 深度学习的要求

新课程改革对教学提出了更高的要求，教育的目标要落实到立德树人根本任务上，进一步提升学生的核心素养，为学生的终身发展奠定基础，促进人类科学事业的传承与社会的发展。教学本质上是师生交往与互动过程中学生的学，教师教学方式的转变最终落实到学生学习方式的转变上。深度学习就是学生学习方式的重大转变，必将引发学生思维方式、学习态度和习惯的转变，从而更好地培养学生的核心素养，同时，对教师教学方式和策略的转变起到积极的推动作用。

高中物理学科核心素养的课程标准从认知层面、能力层面、学习态度层面等都对学生素质提出了更高的要求，学生过去那种识记背诵的浅层次学习方式已经不适应素质教育的要求，学生需要深度学习才能达到核心素养课程标准的要求。物理学科深度学习的实质是在老师的指导下，学生围绕学习主题，开展以实验探究为主的多种探究活动，能运用科学推理和建构模型等思维方法解决综合复杂的问题，能把原来学过的知识迁移到新的知识中去，使知识结构完备，在学习中能形成正确的科学态度与责任。

为促进学生深度学习，让核心素养落实到课堂教学中，高中物理新课程倡导主动参与、探究发现、交流合作的学习方式，这为学生物理学习方式的多样化转变提供了路径。对教学策略的研究可以对新课程背景下学生学习方式的转变起到促进作用，可以让学生形成一种主动探究、重视解决实际问题的积极学习方式，使学习过程更多地成为学生发现问题、提出问题、分析问题、解决问题的过程，实现学生真正深层次的学习。这既是新时期课程改革的需要，更是学生自身发展的需要。

综上所述，深度学习的研究与实践对教师转变教学方式和学生转变学习方式都有重要意义，其核心是在新课程"自主、合作、探究"教学方式的指导下，以高中学生实际为出发点，以课堂教学为核心，以学法指导为手段，强化过程评价和目标管理，对教师的教学行为进行分析与设计，探讨深度学习、有效学习的理念和实施指导策略，从而改变学生的学习过程，提高学生的学习成效，进一步提升学生的物理学科核心素养，为学生的终身发展奠定基础。

第二节　关于促进物理深度学习的教学和教研现状

一、物理教师的教学现状

高中物理教师教学方式对于学生理解物理本质，以及提升学生物理素质具有重要的影响。目前，在高中物理教学实际中，仍以讲授式教学为主，尚存在着学生主体地位体现不够，不注重启迪学生的思维、培养学生能力的做法。部分教师只是照本宣科，钻研教材力度不够，只能做到讲对、讲全，没有分析和创意；课堂提问过于简单，设置问题时不注重思考性、趣味性、探索性、层次性，对发展和提高学生的思维能力帮助不大；在激励学生思维求异和创新方面欠缺，学生几乎全程被动接受知识的灌输，没有主动思考的机会。大部分学生不会发现问题、分析问题，只能生搬硬套，思维过于僵化。总的来说，教师讲得多，学生思考少；作业布置多，学生消化少；教师主宰多，学生自主少；教师教多少，学生学多少；教师怎样教，学生怎样学。针对这样的教学现状，我们在高一学生中进行了一个关于高中物理课堂教学现状的问卷调查。

附：调查问卷《高中物理课堂教学现状》和统计结果

第1题 你有制订课堂学习计划的习惯吗？ [单选题]

选项	小计（人）	比例	
A.没有	234		22.41%
B.偶尔制订	567		54.31%
C.已成习惯	126		12.07%
D.老师要求才会做	117		11.21%
本题有效填写人次	1044		

第2题 对于课前预习，你是怎么做的？ [单选题]

选项	小计（人）	比例	
A.不预习	36		3.45%
B.有时间就预习	828		79.31%
C.老师布置才预习	36		3.45%
D.有计划有落实	144		13.79%
本题有效填写人次	1044		

第3题 你常采用哪种预习方法呢？ [单选题]

选项	小计（人）	比例	
A.把要学的内容粗略看一遍	171		16.38%
B.阅读要学的内容，并标出不理解的地方	315		30.17%
C.阅读要学的内容，结合辅导材料	378		36.21%
D.阅读要学的内容时会思考，并提出疑问，查阅参考资料，解决一些疑难问题	180		17.24%
本题有效填写人次	1044		

第4题 下列哪种情况会使你的注意力不集中？［单选题］

选项	小计（人）	比例	
A.对所学内容不感兴趣	54		5.17%
B.对所学内容已经掌握	270		25.86%
C.对所学内容理解困难	702		67.24%
D.不喜欢老师的授课方式	18		1.72%
本题有效填写人次	1044		

第5题 你通常采用的听课方式？［单选题］

选项	小计（人）	比例	
A.边听边思考，但不记笔记	126		12.07%
B.老师要求记什么就记什么	9		0.86%
C.边听边思考，并记下自己认为重要的内容	711		68.1%
D.边听边把老师讲解的内容记在笔记本上	198		18.97%
本题有效填写人次	1044		

第6题 课上老师提问时你会［单选题］

选项	小计（人）	比例	
A.主动举手回答	72		6.9%
B.只要没点到自己，从不主动回答	720		68.97%
C.有时举手回答	243		23.28%
D.不思考，不回答，与自己无关	9		0.86%
本题有效填写人次	1044		

第7题　平时的物理课堂，老师讲得多，学生思考少，你觉得是不是这样的？［单选题］

选项	小计（人）	比例	
是	486		46.55%
不是	558		53.45%
本题有效填写人次	1044		

第8题　对于现在的物理课堂学习你认为正确的是？［多选题］

选项	小计（人）	比例	
A.教师主宰多，学生自主少	225		21.55%
B.教师教多少，学生就学多少	234		22.41%
C.教师怎么教，学生就怎么学	387		37.07%
D.学生有自己的一套学习方法，能根据老师的指导进行有效的适合自己的学习	693		66.38%
本题有效填写人次	1044		

第9题　如果老师布置作业让你完成，你会：［单选题］

选项	小计（人）	比例	
A.抄同学的，应付了事	0		0%
B.完成会写的，不懂的就不管了	54		5.17%
C.先完成会写的，不懂的就与同学讨论	765		73.28%
D.不懂的就自己查资料，完全独立完成	225		21.55%
本题有效填写人次	1044		

第10题　试卷或作业发下来后如何订正呢?　[单选题]

选项	小计（人）	比例	
A.从不订正	9		0.86%
B.与同学讨论订正	207		19.83%
C.老师讲评时订正	558		53.45%
D.自己查资料订正	270		25.86%
本题有效填写人次	1044		

第11题　在学习过程中遇到你不懂或不理解的问题,你通常会怎么办?

[单选题]

选项	小计（人）	比例	
A.放弃	45		4.31%
B.与同学讨论	144		13.79%
C.向老师请教	45		4.31%
D.自己先思考，后问同学或老师	810		77.59%
本题有效填写人次	1044		

第12题　你是怎样处理学科的复习与作业的关系呢?　[单选题]

选项	小计（人）	比例	
A.不复习只完成作业	54		5.17%
B.做作业遇到有不懂的马上看书或笔记	198		18.97%
C.做作业在遇到不懂的题，思考后再复习	531		50.86%
D.整理好课程内容,认真理解重点、难点之后再写作业	261		25%
本题有效填写人次	1044		

通过这个调查可以看出，学生欠缺良好的学习习惯，学习目标不是很明确，不善于制订符合自身特点的学习计划。前置性学习（预习）规划性不强，课前预习的方法过于单一，基本上就是粗略看一下教材或辅导资料，在课堂学习过程中，很容易因为所学的内容较难而注意力不集中，不利于学习韧性的养成。在课堂学习过程中，学习方法基本限于边听讲，边记笔记，对听课过程中遇到的问题较少深入思考。学生对物理课堂的学习期望是很高的，他们认为好的课堂应该是学生有自己的一套学习方法，根据老师的指导进行有效的适合自己的学习，但现实中由于各种因素，很难让学生实现这一愿景。同时，学生对学习任务理解不够，仅限于完成老师布置的作业，并且遇到难题缺乏独立思考的精神，更多的习惯于求教同学，或依赖老师评讲；对考试和作业中出现的错误不够重视，不能及时进行订正，或订正时，只是追求正确结果，忽略了对知识的深入全面的理解。

以上情况说明，大多数学业成绩不理想的同学，还没有形成独立自主的学习习惯，学习目标不明确，缺乏主动探究、主动思考、主动质疑的意识，学习的每个环节都做到了，但仅仅停留在识记知识的浅层学习，并不是学生为了主动获取知识，进行的深入思考、深入探究、深入实践的深度学习。这类学生在学习方法、态度、意识等方面，都还需要教师进行有效地指导。

二、改变物理教学方式的需求

新课程改革、新教材使用以及新高考的实施对教师提出了更高的要求。在全面改革的实施过程中，教师的改变是重要的，需要推动教师的学科深度教研以及跨学科教研的发展。深度学习对教师的要求很高，不但要深知本学科的知识框架和体系，还要求教师有一个学科融合的意识，在某种情况下深度学习会超出本学科的知识领域，需要教师进行跨学科备课。

深度学习是教学中的学生学习，而不是一般的学习者的自学，因而必须有教师的引导和帮助。因此，促进教师的教学设计能力提升，形成个性化的教学是很必要的。新课程给教师带来的不仅是挑战，也是机遇。在拓宽教师创新发展的空间和眼界的同时，也使教师的个性化教学和发展成为可能。教师不再是课程和教材的被动执行者，而是课程的主动设计者和建设者。教师要想在自己的教学中展现自己独特的教学魅力，形成个性化的教学模式，就必须进行教学研究，整合更多、更有效的教学策略，寻求一个可行的、有效的教学方式，即教师的教学方式与学生的学习方式的最佳结合，实现让学生可持续、全面发展。

在新课程深入推进，新教材逐步推行的当下，在发展理念上，聚焦于促进学生核心素养的提升，由关注教师的"教"转变到关注学生的"学"，重点关注学生的学习状态、学习过程和学习方式；从关注"具体的教材教法的研究"转变到"关注有效的学法指导的研究"。不仅要促进学生关键能力的发展，也要促进学生必备品格的培养。

面对新课程的推进，新教材的使用，新课程资源的开发和应用不但为学生的学习提供广阔的资源空间，也为教材和资源的使用提供范例。在教学过程中，教师通过整合的教学资源、有效的教学策略，激发学生的学习兴趣和学习动机，促进学生的学习生成。注重引导学生实现由"后置学习"到"前置学习"、由"被动学习"到"主动学习"的学习方式转变，促进学生深度学习，促进学生发展正确的物理科学思维、形成良好的学习习惯，推动学生更好地适应高中阶段的学习要求。推动以"导学案"为引领的深度学习方式，从六个维度关注学生的学习，即：自主的程度、合作的效度、探究的深度、拓展的宽度、互动的温度、生成的高度。同时，转变评价方式，通过更多样的形成性评价方式，唤醒学生的主体意识、主动意识、创造意识，促使每一位学生实现全面发展、自由发展和个性发展。

第二章

高中物理深度学习的重要性和影响因素

第一节　学生发展的需求目标

随着我国经济与社会的发展，"互联网+"让万物互联，电子信息技术日新月异，人工智能变革下，我国对人才的需要将有较大的变化。北京十一学校校长李希贵说："今天以计算机为基础的信息技术、数据技术和人工智能的出现，这一轮的挑战远远超出过去两次技术进步。"学校该培养什么样的人才？未来社会需要什么样的人才？什么才是面向未来的教育？这些问题都值得我们思考。

一、学生的个人需求

从技术和产业发展的角度来看，我国将发展生物技术、信息技术、新材料技术、新能源技术、空间技术、海洋技术六大技术领域。这六大技术可形成九大高科技产业：生物工程、生物医药、光电子信息、智能机械、软件、超导体、太阳能、空间产业和海洋产业。这些技术和产业都对物理学科的学习提出了更高要求。在这个飞速发展、不断变化的时代，很多行业有可能在不久的某一天就会突然消失，这也意味着我们在这一行业内所有的积累、所有的经验都可能付之东流。唯有学习，一辈子不断学习，不断打造全新的自己才能适应和跟上这个飞速变化的时代，我们甚至不能满足于只在一个领域内深耕，而必须在一个领域内深耕的同时，不断将学习触角伸入更多的领域，让自己掌握更多更广的知识和技能，成为复合型的多元人才，这样才能让自己立于不败之地。

因此，作为一个学生，学会学习是很重要的。而深度学习就是学生真实的学习，是学生深入思考的学习，是跨学科的融合式学习。物理科目更要从思维深度上加强学习，掌握物理学科知识的内涵，学会学习，学以致用。

二、国家和社会的需求

1. 高中基础教育课程改革的进一步深化需要深度学习

2015年1月起，我国开始修订普通高中课程方案和各科课程标准。为了进一步深化基础教育课程教材体系建设和考试评价改革，国家提出了促进学生"核心素养"发展的教育理念。学生的核心素养是指学生应具备的适应终身发展和社会发展需要的必备品格和关键能力，突出强调个人修养、社会关爱、家国情怀，更加注重自主发展、合作参与、创新实践。因此，教育部确立了以发展学生核心素养为目标的课程改革方向，我国基础教育正从"知识本位"时代走向"核心素养"时代。教学改革作为深化课程改革的核心环节，教育部提出教学要遵循学生认知规律和教学规律，根据学生的个性差异因材施教，在教学的过程中要创设有利于学生积极参与的教学环境，保护学生的好奇心和求知欲，鼓励学生独立思考、主动学习；同时教学中要积极推进现代信息技术的科学应用，提高学生在信息技术环境中的学习能力；再者要鼓励教师积极探索和实验，形成不同的教学风格和特色。关于"核心素养"的研究最具有知名度以及影响力的就是经济合作与发展组织（OECD），其关于核心素养的界定是：核心素养是指覆盖多个生活领域的，促进成功的生活和健全的社会的重要素养。两者关于核心素养的界定都关注学生的终身发展和社会的发展进步，可见学生核心素养的提升受到了广泛的认可与关注。

2. 新一轮高考制度的改革要求深度学习

我国是一个多民族、多人口的发展中国家，为了增加创新型人才以及技能型人才的供给，我国在结合国情的情况下对于高考选拔的方式与内容进行了调整。2014年9月，我国出台了《国务院关于深化考试招生制度改革的实施意见》，该意见的颁布拉开了新一轮高考改革的序幕。新高考改革是一场兼顾公平与科学的改革，希望能够通过考试与评价方式的改变，引导基础教育深度变革，最终目标是促进素质教育的发展和多元化高素质人才的培养。高考"上连高等教育，下引基础教育"，是国家教育体系的核心枢纽，高考的改革也就是评价方式的改革，此改革能够进一步促进基础教育的教学方向。新一轮高考制度的改革对于基础教育而言是一次重大的机遇与挑战，在新高考的指挥之下，基础教育应更加注重学生兴趣与个性的发展，在教学的过程中规避碎片化的知识搭建，更加注重学生系统知识的学习以及应用，注重学生深度学习的形成以及学生多维思维以及协作思维的培养。在学生评价方面基础教育应更加关注学生过程性的成长与评价，规避以考试分数来评判学生的误区。对于基础教育的教师来说，他们需要充分了解新一轮高考制度的方向与内涵，为教学提供更加深刻的导向。

第二节　学生的物理学习方式

我们通过对学生在高中物理学习过程中的各种学习方式进行归纳、对比、分析得出，高中物理学习提倡自主、探究与合作的学习方式，以促进学生在教师指导下主动地、富有个性地学习，构建新的教学方式和学习方式，不断探索和完善有利于学生创新意识与实践能力发展的教学模式，从而促进学生全面和谐发展。下面推荐几个"有效的"学习方式。

一、课堂学习"半堂"模式，促进学生的学习方式多样化

"半堂"模式即教师讲授总时长约占一半时间，学生练习约占一半时间，克服"满堂灌"的传统讲授式。课堂时间的划分不是连续的，而是根据教学内容，讲练结合，教师指导和学生自主学习思考结合，注重课堂学习的生成性。通过学生的学习反馈，教师进行疑点、难点精讲，再让学生互学精练，如此反复，以检查教学的有效性，防止造成学生问题积累。这种教学模式，通过课内协作学习、课内探究学习等多种学习方式的运用，让学生在宽松的氛围中享受学习收获的快乐。

二、基于任务驱动的小组合作式学习方式

学生积极参与了一些实验和实践项目，例如：基于任务驱动的小组合作学习，学生从研究实践中受益良多。学习能力强、成绩优秀的学生经过在小组内帮助他人的过程，获得前所未有的成就感；成绩稍差一点的学生，在小组合

作学习的过程中，获得他人直接、及时、针对性强的有效帮助，取得了很大进步。另外，这种学习方式在促进集体荣誉感和凝聚力方面收到了意想不到的效果。通过"基于任务驱动的小组合作学习"的实验，学生参与度较高，普遍认可这一学习方式、方法。而且，小组合作学习也是有成效的。但是，实验过程发现，小组合作学习在大班额情况下实行有一定的难度，受班级人数的影响，在实践操作中会受限制。

三、基于《导学案》辅助下的高中物理前置学习

在课题研究过程中，通过教师有针对性的教学方式的转变和引导，学生的学习方式也随之发生了一些改变，从原有的预习听讲到学案导学，从听讲后做练习到先学后教、先做后讲、个人分享的方式，极大地调动了学生的学习积极性。通过物理各种课型（新授课与复习课、概念课与规律课、常规课与实验课等）的研究，我们力求以教师的教学方式改变促进学生的学习方式发生根本的转变，让其掌握多种学习方式，逐步实现学生能够不在外力的作用下积极主动、自觉自愿地去学习，实现我要学、我能学、我会学。不同课型的教学，需要编制不同类型的导学案。下面是一篇规律探究课型的导学案。

粤教版选修3-1第一章内容《探究静电力》导学案

一、学习目标（物理核心素养的培育目标）

物理观念：

1.知道点电荷的概念，了解理想化模型方法；

2.知道库仑定律的内容、公式及适用条件。

科学思维：

1.通过抽象概括建立点电荷这种理想化模型；

2.进一步了解控制变量法在实验中的应用。

科学探究：

经历探究实验过程，得出电荷间作用力与电荷量及电荷间距离的定性关系。

科学态度与责任：

了解人类对电荷间相互作用认识的历史过程；激发对科学的好奇心，体验探索自然规律的艰辛和喜悦。

二、学法引导

1. 用物理学史故事引入，对比力学中牛顿的万有引力定律，引出库仑对静电规律的思考。

2. 反复阅读课本材料，观察实验现象，师生多交流、讨论，理解各步的目的和可能得到的结果。

3. 掌握解题的思路和方法，不要只记忆公式。

三、重点、难点

1. 重点：掌握真空中点电荷间作用力大小的计算及方向的判定——库仑定律。

2. 难点：理解库仑定律的实验探究过程。

四、教具学具准备

感应起电机、铝箔包好的草球、绝缘性好的丝线、表面光滑洁净的绝缘导体、绝缘性好的支架、铁架台。

五、学习过程

课前探究案

（一）物理学史（阅读课本内容）

知道物理发展历程中力和电的对比：由力学中牛顿的万有引力定律引出库仑对静电规律的思考，两者之间有什么相似之处？找出并画在书上或写出。

（二）点电荷

对比：牛顿在研究物体运动时引入了质点，库仑在研究电荷间的作用时引入了点电荷，这是人类思维方法的一大进步。

1. 什么是点电荷？

2. 为什么要引入点电荷的概念？

3. 点电荷的特点有哪些？点电荷是否真正存在？若存在，请举例，若不存在，请说明。

课中学习案

（三）库仑定律

1. 方法：变量控制法。

2. 研读实验介绍与演示过程，把得到的初步认识写在书上对应横线上。观察实验，把实验现象和先前的预判对比，体会异同之处。

3. 得出库仑定律的内容。

4. 库仑定律的公式表示（明确每个符号的物理意义、每个物理量的单位）。

5. 阅读资料活页，了解库仑测量静电力常量的过程。

（四）库仑定律的理解

1. 两个静止的带电绝缘材料的球体之间的静电力大小怎样知道？

2. 它们之间的距离怎样确定？

3. 带电的绝缘球可以看作质点吗？

4. 如果两球是运动的呢？以上问题如何？

5. 如果是带电的钢球呢？钢球之间的距离是否影响它们之间的静电力？能否用库仑定律计算它们之间的静电力？

（五）库仑定律的应用

例1：两个带电量分别为q_1=1C、q_2=1C的点电荷相距r=1m，且静止于真空中，求它们间的相互作用力。

这时F在数值上与k有怎样的关系？k的物理意义是什么？

例2：真空中有A、B两个点电荷，相距10cm，B的带电量是A的5倍。如果A电荷受到的静电力是10^{-4}N，则B电荷受到的静电力应是下列答案中的哪个？依据是什么？

A. 5×10^{-4}N　　　　B. 0.2×10^{-4}N　　　　C. 10^{-4}N　　　　D. 0.1×10^{-4}N

例3：两个完全相同的均匀带电导体小球，带电量分别为q_1=2C（正电荷），q_2=4C（负电荷），在真空中相距为r且静止，相互作用的静电力为F。

（1）今将q_1、q_2、r都加倍，相互作用力如何变化？

（2）只改变两电荷电性，相互作用力如何变化？

（3）只将r增大4倍，相互作用力如何变化？

（4）将两个小球接触一下后，仍放回原处，相互作用力如何变化？

（5）接上题，为使接触后静电力大小不变应如何放置两球？

（6）若将两个体积不同的导体球相互接触后再放回原处，还能求出其作用力吗？

本课例以问题为引导，引领学生不断探究，观察现象，得出结论，分析并运用。这个过程中，学生由浅到深，发现规律，体现了课堂教学知识的生成过程。规律运用课型，就是通过建立物理情境，把大问题拆解成小问题，逐层递进，不断深入学习，帮助学生建立规律间的联系。

示波器的原理《带电粒子在电场中的运动》导学案

一、学习目标（物理核心素养的培育目标）

1. 物理观念：理解带电粒子在电场中只受电场力作用的加速和偏转原理。

2. 科学思维：能综合运用力学和电学、能量转化的知识分析、解决带电粒子在电场中的两种典型运动模型（带电粒子的加速和偏转）。

二、重点、难点

1. 重点：掌握带电粒子在电场中加速和偏转的公式。

2. 难点：推导带电粒子在电场中加速和偏转的公式。

三、学习步骤

课前学习案

（一）带电粒子在电场中的加速

阅读课本，推导带电粒子在电场中加速的公式。

1. 基本粒子指的是哪些粒子？它们的受力有什么特点？教师讲解，在课本上补充做笔记。

2. 推导带电粒子加速运动的规律：设电荷量为$+q$、质量为m的带电粒子从正极板静止开始经过电势差为U的电场加速。（图2-1）

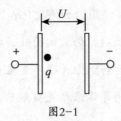

图2-1

（1）带电粒子的加速度是多大？在电场中做何种运动？

（2）加速后带电粒子的速度大小如何？有多少种方法求解，可以分别写出推导过程。

课中探究案

（二）带电粒子在电场中的偏转

阅读课本，推导带电粒子在电场中偏转的公式。

1. 如图2-2，带电粒子垂直进入匀强电场的运动有什么特点？它的运动类型和哪种运动类似？

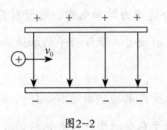

图2-2

2. 推导带电粒子在电场中偏转的运动规律：如图2-3，质量为m、电荷量为$+q$的带电粒子以初速度v_0垂直于电场方向射入两极板间，两极板间存在方向竖直向下的匀强电场，已知板长为l，板间电压为U，板间距离为d，不计粒子的重力。写出以下各个物理量的推导过程。

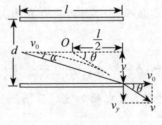

图2-3

（1）带电粒子在电场中做什么运动？

（2）如何处理带电粒子的运动？（从两个分运动的方向和性质说明）

（3）带电粒子的加速度a是多大？

（4）带电粒子穿过电场所用的时间t是多少？

（5）带电粒子的速度v（或称偏转速度）

大小：带电粒子穿出电场的速度v是多大？

方向：带电粒子穿出电场的速度偏转角度θ是多大？

（6）带电粒子穿出电场的偏转距离y（即电场力方向的分位移）是多大？

（三）知识应用

1. 带电粒子的加速

例1：下列粒子从初速度为零的状态经过电压为U的电场加速后，分析以下四种粒子做什么运动，哪个粒子速度最大，写出推导所用的式子。

A. 质子   B. 氘核   C. 氦核   D. 钠离子

例2：教材中习题"喷墨打印机工作原理"设置以下问题：

（1）墨汁微滴的加速度是多大？

（2）墨汁微滴穿过偏转板运动的时间是多长？

（3）墨汁微滴能喷到的最大距离是多少？

例3：如图2-4，长为L的平行金属板水平放置，两极板带等量的异种电荷，板间形成匀强电场，一个电荷量为$+q$、质量为m的带电粒子，以初速度v_0紧贴上极板垂直于电场线方向进入该电场，刚好从下极板边缘射出，射出时速度恰与水平方向成30°角，不计粒子重力，求：

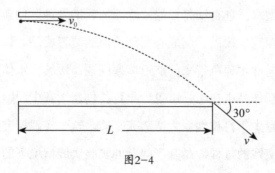

图2-4

（1）在图2-4中画出粒子离开电场时的速度分解图；

（2）粒子离开电场时速度的大小；

（3）粒子在电场中的运动时间；

（4）匀强电场的场强大小；

（5）两板间的距离。

这个课例也是以问题为导引，逐步推进，每一步都靠近学生的"最近发展区"，让学生体验成功的快乐，进而不断深度学习，不断培养学生的思维品质，这是物理教学的一个重要任务。

四、基于实验实践情境下的物理探究学习

通过创设物理情境，让学生在探究过程中学习，在解决问题中提升，以提高学生对高中物理学习的兴趣，培养学生的实验、实践能力，这种方式可以在课堂教学中应用，也可以在课外研究性学习中运用，而且在课外学习中，可以更好地实现深度学习。

物理课外探究学习可以培养学生的创新意识和创新精神，从而提高学生学习物理的兴趣，培养学生的综合实践能力，同时可以发现创新型潜力人才进而重点培养。在常规课堂教学中，我们很难发现学生对科技创新的兴趣，而在课外探究活动中，学生表现出了浓浓的兴趣和极大的热情。学生主动购买了航模、照片打印机、扫描仪等高科技产品，在老师的指导下，选择研究的课题或问题，与同学组建小组。

例如：操瑞英老师指导学生做课外创新研究实践，其中指导李长鑫同学设计制作了"新型水浮莲自动打捞船及水浮莲后期处理"创新实践作品，并通过不断地摸索、探究、改进，制成有实用价值的装置成品。该装置有效解决了惠州多年来水浮莲和水葫芦带来的航道堵塞问题，缓解了水体富营养化等实际问题。该科技创新作品也在惠州市青少年科技创新大赛中脱颖而出，荣获一等奖，参加广东省青少年科技创新大赛荣获金奖。这个实践探究的过程其实就是一个深度学习和实践的过程，是基于问题的实验实践情境下的探究式学习的过

程。在这个过程中，学生收获成功，得到锻炼和成长，受到极大的鼓舞，在后来的高中学习中充满信心，成绩不断提升，考入了理想的大学。

五、基于网络资源的混合式学习方式和教学方式

课题组将信息化技术引入教育领域，特别是将网络教学平台引入课堂，进行了一段时间的全面线上教育教学。线上教育教学的优势主要表现在：一是网络上的教育资源丰富；二是教学方式多样化促进学生学习方式多样化，如微课、直播课、录播课（慕课）、直播面授辅导等；三是学生能更自主地学习；四是师生互动突破时空限制；五是充分利用教育平台进行教学管理。线上教育教学也有它的不足，主要表现在：一是直播课堂师生交流互动受限；二是线上直播的新教学模式老师和学生还不适应；三是不能很好地分层教学；四是无法保证学习评价的有效性和真实性。

混合式教学、学习方式通过一定的教学设计，将网络与传统课堂教育教学相结合，既弥补了单一在线学习和传统课堂学习的不足，又能发挥学生学习的主体性和自主性，也能充分发挥教师的个性化教学指导作用。网络教学平台和资源建设可以实现学生自主学习，集在线教学、师生互动、在线答疑和作业学习管理等于一体。相比较于传统教学，混合式教学能够取长补短，发挥更多作用，其优势在于：能够激发学习主动性、可以共享学习资源、能更好地进行教学监督和管理等。

第三节　影响学生深度学习的主要因素

深度学习是指基于理解的学习。深度学习者能够批判性地学习新的思想和事实，将其融入原有的认知结构中，并能将已有的知识迁移到新的学习情境之中，从而做出决策并解决学习中的问题。高中物理是一门综合性很强的学科，对学生的综合思维能力要求很高，既要求学生把握住知识内在的联系，又要求学生理论与实践相结合，这样的学科特点决定了学生进行有效深度学习的必要性。

影响学生对高中物理进行深度学习的因素有很多，其中主要因素有学生个人的因素、教师课堂教学因素（教师教学问题），还有其他外在因素等。

一、学生个人的因素

学生自身缺乏学习积极性是一个主要的因素。物理知识存在灵活性高、变动性大、逻辑性强等特点。我国高中教学以课堂教学为主，在物理教学中有大量公式和原理的应用，造成物理学习有些枯燥乏味，导致部分学生对物理学习失去兴趣和热情。一旦学生对物理学习失去了积极性，会直接降低学生的学习效率。如果学生自己没有办法全身心投入学习中，成为自己知识体系的建构者，那么实现深度学习将遥遥无期。例如：课堂上老师讲到动量相关的知识，要求学生理解并掌握动量的概念、公式以及动量守恒定律，能够将知识运用迁移到具体的题目当中。大部分学生都可以达到识记的层面，即记得住动量的概念、公式及动量守恒定律的基本内容，然而只有少数学生能将学到的动量知识运用到具体的题目情境中，这就说明只有少数学生进入了物理深度学习的状态。那么，影响学生将知识迁移应用到新的情境中，解决实际问题，达成深度学习的根本因素是什么呢？

课题组访谈高三的一位徐同学，她认为影响自己物理深度学习的主要因素是自身的因素：自己理解力不够强、不会合理思考，还很少自我训练，觉得自己不适合学习物理。从徐同学的描述来看，她对学习物理已经失去信心和兴趣。除了学生的学习信心与兴趣，影响学生深度学习的个人因素还有学生的学习习惯、理解能力、思维方式、对学习的态度以及学习方法等。

在学习新知识时，大多数学生都会提前预习，可预习只停留在对物理概念的描述上，并没有对概念进一步提出自己的疑问，也就不会去寻找相关的题目来训练知识的运用，即预习只停留在浅层，长期浅层学习的习惯影响了学生对知识进一步深度学习的主动性。究其原因，很多学生对物理的学习仍然停留在背公式、记结论的层次，不动脑，不思考，机械式地记忆。例如，一些学生在进行受力分析时，总是容易加力或漏力。其实，受力分析是有基本步骤的：先找场力（电场力、磁场力、重力），再找接触力（弹力、摩擦力），最后分析其他力；受力分析的判断依据又可以分为三种情况：一是从力的概念判断，寻找施力物体；二是从力的性质判断，寻找产生原因；三是从力的效果判断，寻找是否产生形变或改变运动状态。如果学生掌握了这些，并深刻理解其中的含义，按正确的程序分析，善于总结反思，举一反三，那就是深度学习了。

深度学习需要建立在理解的基础上，现在很多高中生对物理学习存在着严重的理解困难。学生的理解能力对深度学习也有影响，学生不能准确理解题目意思，不能挖掘出题目中的隐含条件，导致无法进行深层次的思考，从而不能将知识迁移运用到实际的情境中。高中的物理知识与日常生活息息相关，学生在学习过程中如果只关注课堂上、课本上的知识，忽略了日常生活中各种物理现象的原理和本质，就会在物理学习上出现许多理解性的偏差。例如：必修一中"力"的学习，学生往往在动态平衡受力分析这里陷入瓶颈，其实要理解这类题目，我们可以自己制作一些模型，在实际情境中更好地感知各个力的变化，从而帮助我们提升受力分析的能力，逐步提高在力学分析题目中的逻辑理解能力。

学生的思维能力也是影响物理深度学习的重要因素之一。物理是一门对思维能力要求很高的科目，需要学生有较强的综合思维能力，然而多数学生对物理知识的整合不能系统化，只是处于零散的碎片状，所以在遇到新的问题时就难以将所学的知识迁移出来。

另外，学生的学习态度也会影响深度学习的达成。不端正的学习态度，散漫的思考，被动的练习，都导致学生难以进入深度学习。部分学生不爱思考、怕麻烦，用"伪努力"来掩饰自己不端正的学习态度。这类学生常会把知识点、课堂笔记整理得十分美观，甚至用不同颜色的彩笔分别标记。但奇怪的是，这类学生中很大部分的物理成绩并不是很理想，显然，这类学生只是喜欢用大量的时间来整理自己的笔记本，而忽略了思考和理解笔记的内容，从心理上畏惧思考，养成了思维上的惰性，总是忙碌于记录更多更全面的课堂笔记，用这种行为来伪装自己（也暗示别人）在认真学习物理。其实就是用"伪努力"来掩饰自己不爱思考的事实，这也是部分学生不能进入深度学习的原因。

二、教师课堂教学的因素

第二十三届国际纯粹物理与应用物理联合会代表大会提出："物理学是一项国际事业，它对人类未来的进步，探索自然、驱动技术、改善生活以及培养人才，起着关键作用。"从近年来高考物理的命题趋势来看，高考物理试题对学生综合素养的要求越来越高，在这一背景下，深度学习显得越发迫切和重要。

课题组对惠州地区高中学生进行调研发现：学生更喜欢老师讲解和老师演示实验，两项比例的总和高达72%，而喜欢自行推导知识点和动手实验的比例的总和仅为28%，这显示学生普遍对老师和传统的讲授方式很依赖（图2-5）。

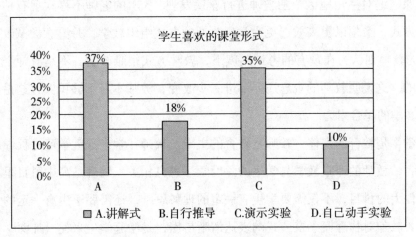

图2-5

　　这说明学生对于新的教学方式和学习方式还没有很快地接受，但学生也期待老师多用现代化、信息化的教学方式，增加更多的动手实验，以激发自己的学习兴趣。调查显示，有61%的学生认同在合作中能获得更多的乐趣和更有助于学习，有24%的学生认为小组合作学习跟常规课堂一样，需要老师指导，如果能在教师指导下进行，学生还是愿意去尝试新的学习方式的。这说明，要改变学生的学习方式，教师的教学方式要先改变（图2-6）。

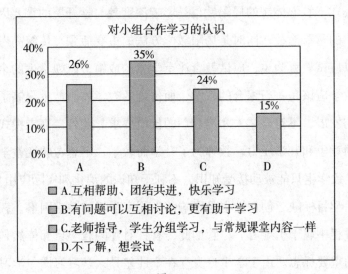

图2-6

课题组对惠州地区个别教师进行座谈发现：55%的老师不喜欢现有枯燥的教学方式，希望以更高效、更受学生欢迎的方式组织教学，并愿意尝试改变，40%的教师则认为在现有的考试制度下，教学方式很难改变，不是教师个人能实现的。这说明教师的观念还需要进一步改变，教师本身不够积极，这是开展深度教学的隐含阻力。

学生是教育的主体，教师是教育的主导。教师在学生深度学习过程中属于引导者，教师的课堂教学与学生的深度学习息息相关。物理是高中科目里难度系数偏大的科目，不仅需要学生有一定的理科思维，还需要学生有一定的学习兴趣。教师对物理概念及公式的表达清晰易懂，是激起学生兴趣、加深学生对物理知识理解的关键。例如课堂教学中，关于物理公式的讲解，有的老师要求学生死记硬背，有的老师则对公式进行步步推导，层层剖析公式的内在逻辑，帮助学生理解记忆。可想而知，前者只是教会学生记忆公式，学生并不能真正达到灵活应用的程度；后者则是带领学生逐渐生成公式，对公式有深层的理解，当然可以对公式进行迁移应用。不同教师对教学内容的不同处理方法，直接影响着学生对知识的理解，由浅入深、循序渐进的教学过程，更有利于学生深度学习习惯的养成。

高考模式下教学体制的局限性也是影响深度教与学开展的重要因素。高考是选拔人才的重要途径，同时是局限教学方法的重要瓶颈。传统高考模式下的教学体制以应试教育为主，应试教育注重学生的成绩，忽视学生的全面发展。高中物理教学应该是一门综合的教学，而传统的教学体制严重限制了学生的思维和逻辑的发展，不符合"人才培养"的价值要求。此外，高考模式导致学校面临严峻的竞争和升学压力，教师为了升学而教学，不思考转变教学模式和教学方法，导致学生只能被动接受知识，不利于知识的消化和实际应用。

教师教学目标缺乏创新性也是影响学生深度学习的关键因素。教师在学生深度学习过程中属于引导者。尽管如此，有针对性的教学目标依然是反映学生学习效率的重要标志。由于学生自身存在个性差异，学习习惯、学习方法也不同，为了更高效地完成物理教学，教师需要重视并创新传统的教学目标、更新教学计划，根据学生的差异量身定做教学目标。但是，就目前来看，我国大多数中学普遍忽视教学目标的重要性，导致相同的教学目标年复一年地使用，严重违背了素质教育对学生全面培养的根本要求。

教师备课是否充分，课堂上教师能否调动学生学习的积极性，教学方法是否合理，也都会影响学生深度学习的进程。美国心理学家梅耶将知识分为事实、概念、程序、策略与信念这五个方面，而建立这些知识之间的相互联系是深度学习中至关重要的一个环节。下面是一则促进学生深度学习的课堂教学片段。

课堂开始时，展示一瓶颜色鲜艳的饮料和两个系了长绳的一次性纸杯子。

教师：请两位同学在杯中倒上适量的饮料，抓住绳子的一端，保证饮料不洒出来的前提下，完成两种不同的圆周运动（学生讨论了一下，演示最多的情况如图2-7，且饮料均未洒出），并请演示的同学具体描述一下自己演示的圆周运动有什么特征。

图2-7

学生1：这是匀速圆周运动，它的速度大小不变。

学生2：这是变速圆周运动，速度的大小时刻在改变。

【挑战"不洒出"、思考"如何不洒出"、展现"不同的圆周运动"，学生的感知觉、思维、情感、意志全面参与，学生全身心地投入学习中。在问题解决过程中，学生努力获取信息，思考当前的情境，应用之前学过的知识和技能，将其组织起来，以解决当前的问题，这就是深度学习的重要特征。】

教师：我们先来研究哪一种圆周运动，比较容易呢？

学生：研究匀速圆周运动比较好，运动有规律，受力相对简单。

教师：请同学们从生活中寻找一些匀速圆周运动的模型，作为我们研究的起点。

学生会列举很多种，例如光滑桌面上细绳连接的小球、圆盘上随圆盘转动的木块、地球绕太阳公转等。

教师引导学生对这些实例抽象理想化，再进行分析受力，寻找共同特征，从而得出向心力的概念。

传统的向心力教学中，教师直接展示几种匀速圆周运动实例，讲解向心力的特征，提出概念。而深度学习是帮助学生通过深度加工把握知识的本质。在上述向心力教学中，首先学生对事实进行描述和概括，由实例抽象建立力学模型；从变速圆周到匀速圆周的选择、从受力复杂的匀速圆周运动到受力简单的匀速圆周运动的选择，将由繁入简的程序化分析方法运用到问题的研究中；分析得出受力的共同特性，得出向心力的概念。深度学习的内容虽然是人类已有的认识成果，但通过深度学习获得的研究问题的方法和策略学生终身受用。

深度学习的研究越来越受到教育者的重视，物理学科的课程特点最契合深度学习，一线教师要积极实践深度学习的课堂教学，改进课堂教学，帮助学生达成物理学科的深度学习。对于教师来说，学科专业知识是基础，学科教学知识是关键。教师恰当的教学方法和手段、幽默风趣的教学语言都是激发学生学习兴趣的法宝。每位教师都应该及时了解自己的专业素养实际，针对自身不足之处，结合自身实际发展需要，有针对性地学习，经常性地反思，让自己的教学从教授专业知识到如何教授专业知识，再到如何整合信息技术用于教授专业知识，从而不断地提高自身专业素养。

三、其他外在的因素

影响学生深度学习的外在因素主要有教学资源、学校设备是否完善等。

学校要有良好的学习环境和充足的实验设备，为物理教学做好坚实的后盾。做实验是物理学习的重要部分，充足的实验设备是每个同学都能做物理实验的条件，实验教学资源是否充足，会直接影响学生能否进行深度学习。为了把学生的物理学习引入深度学习的层次，教师一定要做好实验教学，不能仅仅因为学校没有某样实验教学设备，就不进行实验教学，这样对学生的物理学习非常不利。因为，这样会造成学生缺少深入了解物理现象的机会，从而与一些物理现象的本质擦肩而过，毕竟观察实验、做实验、设计实验、处理实验数据，对培养学生自主学习物理的能力非常有利，每个课本上出现的实验，都值得学生们深入地探究一番。高分低能在中国学生中是一个常见现象，这恰恰反映了在考试选拔人才的背景之下，应试教育是最直接有效的成才之路，学生为了应对考试而学习物理，这样的学习不容易达到深层次。因此，做好实验教学，让学生动手做实验，更利于激发出学生学习物理的兴趣，带着兴趣的学习更容易进入深度学习。

通过以上分析，我们不难发现，影响学生物理深度学习的因素主要是学生、教师、环境三大方面。教师的教在于"度"，学生的学在于"悟"，所有有深度的教必须以学生有深度的学为目的。深度学习的理论价值，不仅在于克服浅层次学习、机械性学习的弊端，更在于实现了师、生、知识间的高度统一，使教师和学生在教学活动中都能获得最大程度的发展。

第 三 章

高中物理深度学习的
特点和学生行为生成

第一节　高中物理深度学习的特点

　　人工智能、万物互联、大数据等蓬勃发展，给人类生产和生活方式带来深度改变，在教育领域也产生重要影响。为满足智能时代基础教育发展的新需求，国内外基础教育改革发展的浪潮不断涌现。作为人才培养的主渠道，课堂一端连接着学生，一端连接着民族的未来。推进基础教育课堂教学改革，培养学生具备适应终身发展和社会发展需要的必备品格和关键能力是时代发展的诉求。然而，目前中小学课堂还无法适应智能时代教学的新需要，教学实践还无法有效破解培养学生核心素养的难题。融合智能技术实施深度课堂教学在发展学生批判性思维、促进学生知识迁移、提升学生问题解决能力等方面具有重要作用，逐渐成为培养学生核心素养的重要途径。

　　从学习科学的角度来说，深度学习是相对于表层学习、机械学习和无意义学习而言的。深度学习不仅关注学习结果，也关注学习的过程，尤其是在真实问题情境下学习者的体验与感受。深度学习具有三个显著特点，即注重批判性思维的提升、强调知识的迁移应用、面向现实生活的问题解决。此外，深度学习体现学习目标之"深"，要求学习者不仅能够理解记忆学习内容，还能够灵活运用方法策略综合分析问题、解决问题；深度学习表现学习方式之"深"，要求学习者在主动学习的过程中采用自主、合作、探究等多种学习方式；深度学习突出学习结果之"深"，要求学习者掌握知识与技能，提升思维与能力，升华情感与品质。

　　张浩和吴秀娟（2012）两位研究者根据深度学习与浅层学习在记忆方式、

知识体系、关注焦点及学习者的学习动机、学习投入程度、学习中的反思状态、思维层次和学习结果的迁移能力等方面的差异，总结出深度学习具有注重培养批判性思维能力、强调信息间的关联及整合、促进知识的建构反思、着意知识及能力的迁移运用、面向问题解决的培养这五个特征，并指出深度学习的这五个特征不是孤立的，而是相互联系的整体，共同促进深度学习的实现。

段金菊等也通过对深度学习和浅层学习的比较，指出深度学习以培养学习者较高的认知层次为目标，强调其高阶思维能力的培养，注重学习过程中的积极反思，并且注重学习者在学习行为方面的情感投入；在认知结果方面，注重概念转化，强调复杂认知结构的养成等特征（段金菊，佘胜泉，2013）。安富海（2014）也通过比较深度学习与浅层学习在学习目标、过程及方式等方面的不同，总结出深度学习的以下四个特征：第一，深度学习注重知识学习的批判理解；第二，深度学习强调学习内容的有机整合；第三，深度学习着意学习过程的建构反思；第四，深度学习重视学习的迁移运用和问题解决。

根据以上文献梳理发现，深度学习的特征主要是与浅层学习比较得出的。与浅层学习相比，深度学习在学习目标、学习性质、学习态度、学习过程和学习结果等方面都有明显差异。根据对深度学习内涵的理解，笔者认为高中阶段物理深度学习具有以下四个特征：

第一，高中阶段物理深度学习是强调理解性的学习。中学阶段的深度学习是一种有意义的理解性学习，是学习者运用高阶思维能力对复杂知识和信息进行深加工，超越知识的简单复制和描述；同时强调学习者批判性地学习新知识和思想，要求学习者批判性地看待新知识并深入思考，并把它们纳入原有的认知结构中，在各种观点之间建立多元连接，要求学习者在理解事物的基础上善于质疑辨析，在质疑辨析中加深对深层知识和复杂概念的理解。

第二，高中阶段物理深度学习注重培养学习者的高阶认知能力。中学阶段的深度学习注重新旧知识之间的联系，使学习者能够举一反三，用所学知识和习得的经验解决现实生活中的真实问题，促进学习者高阶认知能力的形成；提倡将新概念与已知概念和原理联系起来，整合到原有的认知结构中，从而引起对新的知识信息的理解、长期保持及迁移应用，如利用图表、概念图等方式梳理新旧知识之间的联系。而浅层学习将知识看成孤立的、无联系的单元来接受和记忆，不能促进对知识的理解和长期保持。

第三，高中阶段物理深度学习着意学习过程的建构反思。建构反思是指学习者在知识整合的基础上通过新、旧经验的双向相互作用实现知识的同化和顺应，调整原有认知结构，并对建构产生的结果进行审视、分析、调整的过程。这不仅要求学习者主动地对新知识做出理解和判断，运用原有的知识经验对新概念（原理）或问题进行分析、鉴别、评价，形成自我对知识的理解，建构新知序列，而且需要不断对自我建构结果进行审视反思、吐故纳新，形成对学习积极主动的检查、评价、调控、改造。可以说，建构反思是深度学习和浅层学习的本质区别。

第四，深度学习是发生在真实情境中的基于问题的学习，更重视学习内容的迁移运用和问题解决。学习者以问题为导向，在真实情境中能更有效地获取、加工知识，进而更好地灵活运用知识，促进知识的迁移应用和问题解决能力的培养，真正体现深度学习的高阶特性。学习者因为对学习情境的深入理解，对关键要素的判断和把握，在相似情境中能够做到"举一反三"，也能在新情境中分析判断差异并将原则思路迁移运用。如不能将知识运用到新情境中来解决问题，学习者的学习就只是简单的复制、机械的记忆、肤浅的理解，仍停留在浅层学习的水平上。深度学习的另一个重要目标是创造性地解决现实问题。一般来说，现实问题不是那种套用规则和方法就能够解决的问题，要求我们能运用原理分析问题并创造性地解决问题。

第二节　高中物理深度学习
过程中学生的行为生成

行为养成习惯，习惯形成性格，性格决定命运。深度学习中学生学习行为的特征表现为：尊重与欣赏老师的行为、自主预习的行为、上课专心的行为、认真观察和积极思考的行为、善于提问的行为、切磋琢磨的行为、独立作业的行为、仔细审题的行为、复习归纳的行为、整理错题集的行为。

目前，大部分高中生在物理学习行为上表现出以下一些特征：学习刻苦但成绩不佳、努力学习却方法不当、脑子灵活但不够努力、成绩起伏而没有自信、被动学习且缺乏兴趣、作业拖拉且状态懒散、逃避现实且沉迷手机等。

要改变这些不佳的学习现状，就要改变学生的学习行为，培养正确的学习习惯，构建正确的思维方式，提高学生的学习能力，以培养学生核心素养为导向来适应新的教育改革的要求。

一、通过深度学习培养学生正确的学习习惯

学生为何会有坏的学习行为和习惯呢？因为高中物理对于现在的学生来说，是比较难的一个科目，学生的学习目标缺乏针对性，对物理概念的理解缺乏兴趣，对学习充满了畏难情绪。问卷调查我校学生对物理学科的意见和建议，结果显示70.9%的学生觉得物理很难，65.1%的学生觉得物理是自己薄弱的科目，74.3%的学生认为自己学习物理的行为习惯不好，物理练习时间没有保障。因此，教师必须充分了解学生的学情和学习能力，通过深度学习培养学

正确的行为习惯。

为促进学生的深度学习，就要培养学生良好的物理学习习惯，学习习惯是学生在长期学习实践过程中逐渐形成的一种本能，好的学习习惯有助于学生的学习，坏的学习习惯不利于学生的学习。为培养良好的学习习惯，对于物理学科的学习，学生必须做到课前预习、课中认真听讲、课后做好复习。

1. 培养学生阅读的习惯

物理是一门对逻辑思维要求很高的学科，它不仅需要以数学学科为基础，而且需要阅读理解能力，语文太差的学生也很难学好物理，所以学生要想更好地学习物理，就要注重阅读，这是培养良好行为习惯的基础。例如，学生李某，由于贪玩，初中时学习成绩一般，以相对比较差的成绩进入高中，在老师的引领和班级文化氛围的熏陶下，他改掉了懒散的习惯，开始读书，并写读书笔记，一点点地改变着，培养自己的阅读习惯，注重阅读，扩大视野，拓宽眼界。他开始注重学习习惯的培养，他的理科成绩因此突飞猛进，高考以优异成绩最后被中南大学录取。在这个过程中老师起到了至关重要的作用，其班级每天必须保证早读十分钟和晚修要有半小时的全班统一的阅读时间，中午安排阅读报纸时间，如此坚持了一年的时间，学生的阅读习惯培养起来了，形成了良好的班级学习风气，而李某更是班级学习成绩的佼佼者，也是低分逆袭的典型代表。可见良好的阅读习惯可以带动整体习惯养成，从而促进各科的学习。

2. 培养学生观察的习惯

物理来源于生活，生活中各类现象都可以用物理去解释，为了促进学生的深度学习，必须培养学生注重观察的学习习惯，教会学生观察的方法，不断提高观察能力。当年牛顿看到树上掉下来的苹果，发现了万有引力定律；卢瑟福用 α 粒子散射实验知晓了原子的核式模型；波尔发现了氢原子能级结构；生物学家达尔文从小就观察花草树木怎样生长，鸟兽虫鱼怎样生活，他甚至爬到树上看小鸟怎样孵卵……每个成功的科学家都喜欢观察。知识来源于生活，教师在促进学生深度学习的过程中应该创设良好的课堂教学情境，这些教学情境最好来自学生生活。在讲到匀变速直线运动这一节内容时，对于加速度这个抽象的概念学生是很难理解的，教师必须创设良好的情境帮助学生理解。例如，引入生活中红绿灯路口汽车和摩托车都在等绿灯的情境，播放路口交通情况的视频，让学生观察各车启动的情况。学生观察后发现摩托车的启动较快，汽车稍慢，由此引出加速快慢情况的描述——加速度。接着继续播放视频，很快汽车还是超过了摩托车，再次引导学生思考。学生通过观察会发现后面汽车的最大速度明显大于摩托车。从学生实际生活中的例子出发，可以让学生真切地感受到晦涩难懂的物理概念其实均来自生活。培养学生观察的习惯，需要教师创设情境，不断培养学生深入观察和思考的能力。

3. 培养学生认真思考、积极思维的习惯

物理学科的特点是，学生理解物理概念，但是在遇到物理题目时依然不知从何下手，为此，教师还必须培养学生认真思考、积极思维的习惯。教学是教师和学生相互交流的生成性活动，教师的教会影响学生的学，成功的教学活动就是要教师以问题引导学生深入思考、深度学习，绝不是教师的单独灌输与表演。倘若一堂课只有教师一个人津津有味地讲，学生却是"人在曹营心在汉"，教学变成教师的独角戏，教师抛出的问题，学生不会思考，只是面面相觑，不敢回答，或者只是极少部分的学生敢于回答，那这节课的学习效果是很差的。教师要让课堂变得有趣，富于变化的课堂才能更好地吸引学生，学生才会喜欢。同时，教师要提一些靠近学生"最近发展区"的问题，学生"跳一跳能摸得着"的问题，引发学生专注思考，这样学生才会有回答的愿望。在学生回答错误时教师要给予更多的鼓励，尽可能给学生更多的肯定和表扬，这样学生就更有信心回答问题而不是避之不及。布置课后思考题要因材施教，要有不同层次要求的题目，对于基础比较薄弱的学生教师要帮他拆分问题，做问题解答思维导图，明确概念间的联系。基础比较好的学生，要强化知识的巩固与提升，培养积极思维习惯。

4. 培养学生归纳总结的好习惯

著名教育家乌申斯基说过："装着一些片段的、没有联系的知识的头脑，就像一个乱七八糟的仓库，主人从那里是什么也找不出来的。"由此可见，归纳整理在学习当中的重要性。物理不是老师教出来的，而是学生悟出来的。促进学生的深度学习，就需要培养学生归纳总结的好习惯。努力学习不能只是一句口号，阅读了，思考了，理清了，总结了，这才是进步。归纳总结是物理学科深度学习中常用的学习策略，归纳总结的过程，就是巩固提高的过程，一方面能更好地复习已有知识，另一方面能把零散的知识点联系起来，提高知识技能的整体掌握水平。

在总结的过程中教师一定要让学生自己归纳，别人无法替代，自己归纳出来的知识体系才能训练自己的思维。有老师会担心学生的归纳能力不够，担心归纳不全面。其实大可不必，正是这样归纳总结的过程，才能培养学生的思维能力，这不就是教学所要达到的效果吗？不管学生做到什么程度都有收获，而老师替代学生做，学生可能一无所获，这就如同看旅游节目永远不能替代自己亲自去旅游的感受。自己动手归纳的过程，就是逐渐形成体会的过程，是知识升华的过程，是思维培养的过程。

很多人认为归纳是考前或期末才做的工作，实际不然，每一个阶段都要归纳，归纳是随时随地的。归纳也不是只做一次，有学生以为做了一次归纳就万事大吉了，有学生一次归纳不全面，之后就不去努力尝试了，这些都是极端的。归纳永远都不可能穷尽，绝对不能因为怕不全面就不去放手，教师要放手让学生多次归纳，这样才能够抓住学科的主干知识，理解知识的生成过程和相互间的关系。教师要注意学生的畏难情绪，培养学生勇于归纳的信心，从简单的归纳开始，循序渐进地培养他们的归纳总结能力。

总之，为促进学生的深度学习就一定要培养学生归纳总结的好习惯。其实，不断进行归纳总结的过程，也是深度学习的一种形式。

二、通过深度学习培养学生正确的物理思维方式

由实际问题情境引入抽象的物理概念的教学过程，最为重要的是学生要经历这种思维方式的转变，真正经历这个抽象提炼概念的过程，而不是在教师

引导下知道几个名词而已。物理概念反映物理现象和过程的本质属性，是物理事实的抽象。正确概念的形成，靠的是正确的思维方法。为促进学生的深度学习，教师必须在教学中重视学生思维方式的培养，思维是可以教的，要想把物质化的知识通过我们的教学活动，转化为学生精神层面的思维能力，必须经历概念的内化过程。这种内化不是操作层面的教学活动所能实现的，而是要经过学生大脑的思维活动。通过研究问题去培养思维能力就是要让学生能够按照一定逻辑去解决问题。

常见物理思维方法有理想化思维法、图像思维法、等效思维法、临界思维法、极限思维法、逆向思维法、整体与隔离思维法、守恒思维法、类比思维法等。下面重点介绍理想化思维法、图像思维法、逆向思维法。

1. 理想化思维法

人们为了科学研究，通常需要建立一种理想化的模型，抛开具体事物中的无关因素和次要因素，抓住影响事物的主要因素，从而使物理问题得到简化。理想化的方法是科学家们常用的一种思维方法。教学中我们应充分利用教材和各种教学素材，通过深度学习来渗透这种思维方法，从而使学生逐步认识科学家们为简化实际问题所采用的这种思维方法。例如在《质点参考系》这一节的教学中，质点这个概念是比较抽象的，其中渗透的思想就是理想化模型，教师可以引导学生去思考，当我们研究地球绕太阳公转时，地球的形状还重不重要呢？学生会觉得那只是一个点了，形状、体积、大小可以忽略，在研究自转时，地球能不能看成一个点呢？学生显然知道不能。教师还可以让学生多举例子，以更好地掌握这个概念，在这样的教学过程中，学生很好地掌握了质点这个概念。教师就是要在教学中充分挖掘教材，尽可能使学生多接受理想化思维方法的训练。

2. 图像思维法

物理图像就是在直角坐标系中绘出的表示两个相关物理量之间关系的函数图像，它能直观形象地反映两个物理量之间的联系。在物理教学中，把数学跟物理相结合进行深度学习，可以促进学生领悟和体会图像的特点和应用。例如，在学习必修一"匀变速直线运动"这一内容时，教师就应注重培养学生这方面的思维，并给学生一定的思维程序指引："一看轴、二看线、三看斜率、四看面、五看截距、六看特殊点"等，注重物理规律和图像之间的联系。图像法是"数"与"理"的结合最突出的一种物理思维方法。

例如：（2018年全国Ⅰ卷）15.如图3-1，轻弹簧的下端固定在水平桌面上，上端放有物块P，系统处于静止状态。现用一竖直向上的力F作用在P上，使其向上做匀加速直线运动，以x表示P离开静止位置的位移，在弹簧恢复原长前，下列表示F和x之间关系的图像可能正确的是（　　　）

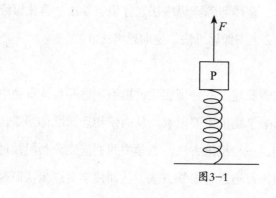

图3-1

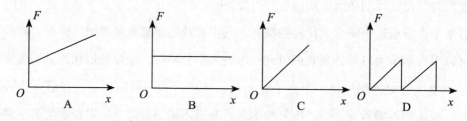

本题考查牛顿运动定律、匀变速直线运动规律、力随位移变化的图像及其相关的知识点。由牛顿运动定律知，$F-mg-F_{弹}=ma$，由胡克定律知$F_{弹}=kx$，联立解得$F=mg+ma+kx$，这是一个F随x变化的线性关系，对比题目给的四个图像，可知正确的是A。

很多同学在分析物理问题遇到图像时，往往"想当然"就得出结论，缺乏严密的逻辑推理或没有正确的思维程序和思考习惯，在面对题目时束手无策。教师在教学的过程中应不断在这方面加强能力培养，学生的思维习惯将很快形成。

3. 逆向思维法

逆向思维是指逆着物理事件发生的顺序去思考，寻找解决问题的方法。这也是学生学习物理最重要的思维方法之一，在高中阶段的内容中反复出现。如初速度为0的匀加速直线运动，有着鲜明的规律，经过相同时间间隔 T、$2T$、$3T$、$4T$……nT，速度之比是 $1:2:3:4:……:n$，而位移之比是 $1:3:5:7:……:2n+1$，这个推导过程，学生均已经理解。可是在遇到匀减速直线运动时学生的思维却表现出来滞后，出现这种行为特征的原因就是逆向思维的思维模式没有建立，匀减速直线运动也可看成从静止开始的反方向的匀加速直线运动。这种思维甚至可以运用到平抛、类平抛运动，重力场、电场、复合场等不同情况中。学生的逆向思维需要培养，在实际中可以用倒放录像的方式，让学生体会逆向思维。

三、通过深度学习帮助学生进行情绪调整

在长期的教学实践中我们深刻地体会到：快乐、愉快、自信等积极情绪及情感会使学生思路开阔，思维敏捷，记忆力增强，创造性提高；而不良学习情绪如紧张、焦虑等易使学生智力活动受到抑制，不利于学生的课堂学习。因此，调节学生课堂情绪、情感，优化学生课堂学习心理，是教师提高教学效果的重要保证。

学生的行为特征在这方面主要表现为缺乏兴趣、状态懒散、情绪低落、被动学习。我们需要积极发挥教师的引导作用，帮助学生调整好情绪和情感，促进学生的深度学习。

1. 从学习兴趣入手培养学生学科情感

在讲到《探究感应电流的方向》这一节内容时，常见的教学方法是把物理规律告诉学生，楞次定律、右手定则等，而学生所表现出来的行为特征是看书上的实验照片还是很有趣，但是缺乏实际操作，大家的参与感不强，没有充分调动学生的积极性，学生的学习情绪并不高。为了提高学生深度学习的兴趣，

教师要带学生去实验室做实验，亲身感受每一种电磁感应现象，让学生设身处地地去感受物理的魅力。

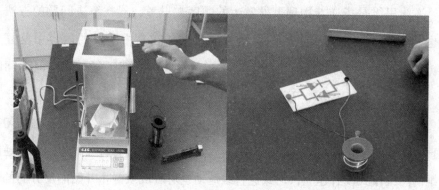

图3-2

例如，有教师和学生一起设计了二极管显示电流方向的电磁感应物理实验，让学生惊呼物理之神奇，对物理这门学科产生了极其浓厚的兴趣。一旦学生喜欢上了探索创新，喜欢上了这门学科，其将表现出积极的学习兴趣，学习成绩自然也能提高，深度学习也不再是一句空话。

2. 为促进深度学习应抓好情绪时机

学生的学习成功并不是一蹴而就的，但一时的成功也不是没有用的，有些学生成绩起伏不定，时好时坏，有时能考进班级前几名，有时班级垫底，对这样的学生教师应注重抓住恰当的时机，对学生予以关注。学生的行为特征表现为，你关心他，他就认真多一点，你漠视他，他也应付你，这是当代中学生最重要的行为特征之一。根据笔者的问卷调查，50%以上的学生对老师关心自己表示更具有学习的动力，只有不到4%的学生对老师关不关心持无所谓的态度。由此可见，在学生的学习情绪方面，教师占主导因素。

3. 要精心设计教学过程，激发学生的学习兴趣

魏书生说过："学习兴趣，是人们学习情绪的一种表现形式，是一种积极地、愉快地探究事物的认识倾向，是一种最直接的学习动机。激发学生的学习兴趣，使学生在精神愉悦、情绪饱满、热情高涨、自觉自愿、积极主动的状态中去获取知识，这无疑是提高课堂教学质量的重大举措。"为什么课堂上传授的知识，学生不易接受，甚至厌学、弃学？为什么当今社会上的那些流行歌曲，学生无师自通，音符、节拍都唱得很到位？其中一个很重要的原因，就是兴趣。有兴趣就可以学得快、记得牢；无兴趣就学得慢，忘得快。无数实践证明，激发学生的学习兴趣，是提高课堂教学效率的必要手段。

精心设计教学过程，是激发学生的学习兴趣，形成良好的学习行为的重要手段。如引入环节位于一节课的开头，引入环节设计得好，就能吸引学生，激发学生的学习兴趣，毕竟：好的开头是成功的一半。物理学科应更多地与当今前沿科技相联系，与学生的实际生活经验相联系，既面对现实、面向未来，又不脱离学生的生活基础。例如在讲到自由落体运动这一节内容时，可以通过学生分享牛顿的故事开始，或者教师买几个苹果带到班级，用这种砸中牛顿的方式砸中学生来引入新课，既新颖又很有趣，每一个学生都渴望自己是牛顿，既可以听取知识又可以吃到苹果，课堂气氛瞬间到达高潮；接着继续给大家出题，是重的物体下落得快还是轻的物体下落得快呢？提出问题，引发思考，激发学生好奇心，产生学习动机。通过纸团铁球实验，不断验证下落快慢与物体重力没有关系，引导学生思考空气阻力问题。设计牛顿管实验，得出结论：影响物体下落快慢的主要因素是空气阻力；如果没有空气阻力，轻重不同的物体下落一样快。我们在做牛顿管实验时还可以把抽成真空的牛顿管打开阀门时的声音通过扩音器播放出来，让学生清楚地感受到声音进入时的现象，这样的亲身体验可以充分调动学生学习的积极性。

图3-3

4.通过实验让学生体验成功，激发学习的情感

古希腊哲学家普鲁塔克曾说过："头脑不是一个要被填满的容器，而是一个需要被点燃的火把。"物理是注重实验的学科，没有物理实验做基础，一味地给出物理规律，这对学生的学习是很不利的。常常带学生去做一些物理实验，拓宽学生的视野，体验物理学习的成功感觉，可以激发学生的学习动机和学习情感。实验课不仅是一种特殊的认识过程，也是一种特殊的实践过程。学生在实验活动中能展示自我，发展自我。

很多高中生都记得初中时的经典实验——光的色散，见图3-4。初中时同学们自己做小孔成像，自己制作望远镜，购买凸透镜在家中做实验，这些都是在潜移默化地培养物理思维方式，都是正确的学习行为。通过亲自动手实验，学生对物理知识就会有更深刻的理解。

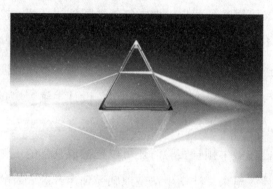

图3-4

首先要落实课本中的每一个学生实验，不要害怕浪费时间，让学生感觉自己就是一个科学家。为了保证实验效果我们还可以从操作方法、实验结果等方面评出班级的小小科学家，颁发奖状，这样不仅能在更大程度上激发学生的学习热情，也能培养良好的科学素质。

其次，应鼓励学生多用生活中的物品来做实验，能做到实验创新当然更好。科学来源于生活，服务于生活。

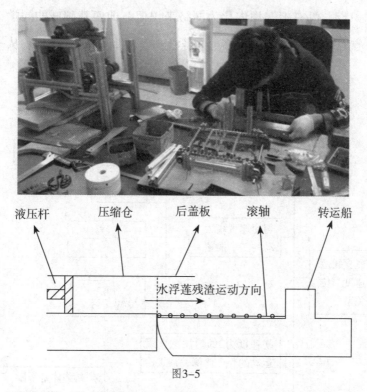

图3-5

一个典型案例：学生李长鑫在老师指导下，在课外创新研究活动中，自己动手设计了水浮莲自动打捞和处理装置，参加了惠州市科技创新大赛，继而以市第一名的好成绩参加了广东省科技创新大赛并荣获一等奖，其本人还获得了广东工业大学青苗奖，如今的他就爱上了设计制造这个方向，不断开拓创新，已经有了自己的发明专利。如此良好的学习行为特征，是成就他的关键。

四、通过深度学习帮助学生构建物理知识结构

学生的行为特征还表现为对知识构建的陌生，对知识点间的联系很难建立，物理考试状态起伏不定的原因也多半来源于此，力学学得较好，但电学没学好，于是电磁学也很难进步，学习效果很难见。要促进学生的深度学习，就必须重视学生的物理知识网络的建立。

1. 加强知识结构联系，构建知识网络

物理学科知识点多而杂，在高考中如果复习不到位，漏掉了知识点，或是

混淆了知识点，没有把知识内化为网络来识记，即使基础好的同学，也很容易因为一点点小失误而错失很多分。学生知识网络的建立，必须从一开始就重视。

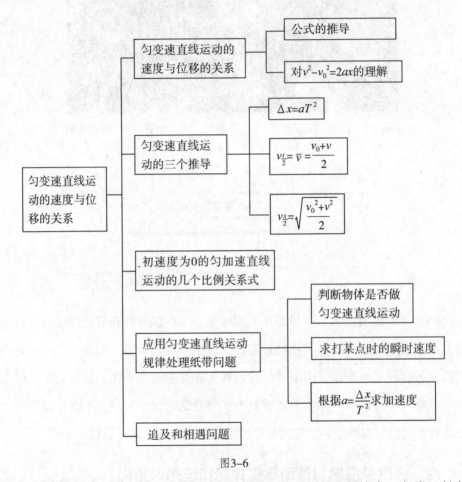

图3–6

思维导图能更有针对性地引导学生对已学过的内容进行综合、归类、转化和辨别，挖掘知识的内在联系。尤其是复习课，利用思维导图，能让复习达到潜移默化、事半功倍的效果。

为了激发学生利用思维导图的积极性，可以利用课室外展板这一有利资源，把学生平时的思维导图择优展示出来，这样不仅让学生的学习成果有了反馈，更给部分学生起了榜样带头的作用。

2. 加强知识类比联系，构建知识表格

物理学科有很多基本物理量，如何加强知识间的类比联系，可以选择构建知识表格，例如电势和电势能的区别和联系。

表3-1

	电势	电势能
物理意义	反映电场的能的性质的物理量	电荷在电场中某点所具有的电势能
相关因素	电场中某一点的电势的大小，只跟电场本身有关，跟点电荷无关	电势能大小是由点电荷和该点电势共同决定的
大小	电势沿电场线逐渐下降，取定零电势点后，某点的电势高于零者，为正值；某点的电势低于零者，为负值	正点电荷（$+q$）电势能的正负跟电势的正负相同；负点电荷（$-q$）电势能的正负跟电势的正负相反

概念一多，学生在整体把握上就易出现混乱，甚至望而却步。对于这种情况，通过列图表的方式囊括所有概念是相当有效的。

在此过程中，学生对这些基本概念有了整体的认识，而且条理清晰，在填写表格的过程中把知识点重新梳理了一遍。类似这种有必要将概念进行列图表对比复习的内容还有很多，例如：三力（重力、弹力、摩擦力）；三能（动能、势能、内能）；磁感线与电场线；安培力与洛伦兹力；等等。

3. 通过反思的行为，对知识结构进行巩固

一般说来，习题做完之后，要从五个层次反思：

第一，怎样做出来的？想解题采用的方法；

第二，为什么这样做？想解题依据的原理；

第三，为什么想到这种方法？想解题的思路；

第四，有无其他方法？哪种方法更好？想多种途径，培养求异思维；

第五，能否变通一下而变成另一种习题？想一题多变，促使思维发散。

当然，如果发生错解，更应进行反思：错解根源是什么？解答同类试题应注意哪些事项？如何改正常犯错误？"吃一堑，长一智"，不断完善自己。

总之，教师通过教学过程中从课前的准备、课中的教学设计、课后的辅导与教学安排，聚焦学生核心素养培育，实现从经验性备课到科学化设计，从应试教育思维到核心素养思维的转变，可不断培养学生深度学习的能力。深度学习是未来培养二十一世纪学习型、创新型人才的重要学习方式，是培育核心素养的重要方法，是基础教育从"知识本位"时代走向"核心素养"时代的关键转变。

第四章

高中物理深度学习中的内容资源

第一节　整合高中物理深度学习
内容的教学策略

高中物理知识要求学生具有较高水平的思维能力和逻辑推理能力以及材料加工能力，所以物理知识的学习主要依赖深度学习。目前还有很多学生感觉学习物理很困难，其中很重要的原因就是不会深度学习，而且缺少深度学习的策略指导。根据考试大纲要求，高考物理试题应着重考查学生的知识、能力和科学素养，注重理论联系实际，注意物理与科学技术、社会和经济发展的联系，注意物理知识在日常学习生活、生产劳动实践等方面的广泛应用，大力引导学生从解题到解决问题转变，以有利于高校选拔新生，有利于培养学生的综合能力和创新思维，有利于激发学生学习科学的兴趣，培养实事求是的态度，形成正确的价值观，促进三维课程培养目标的实现，促进学生德智体美劳的全面发展。

由此不难看出高考物理更注重考查能力，通过考查知识及其运用来鉴别考生的能力。而深度学习是学生提高解决问题能力的有效方法和必要过程，所以学生必须学会深度学习。

一、深度学习内容的选择

高中物理的必考内容有29个Ⅱ要求的考点，要求对所列知识理解其确切含义及与其他知识的联系，能在实际问题的分析、综合、推理和判断过程中运用。明显这29个考点都是有必要进行深度学习的内容。学生并不清楚每章节的重难点，需要老师在新章节开始授课前向他们明确说明。如必修一第一章《运动的描述》里的Ⅱ要求的考点是"位移""速度"和"加速度"，要求学生对这三个物理量特别重视，需要进行深度学习，重点区分"位移"与"路程"，理解"速度"和"加速度"的物理意义及计算方法。

二、整合深度学习内容的教学策略

大部分的高中生不会有效地深度学习，能主动学习已经非常值得表扬了，但是深度学习的能力又是高中学生必须具备的！学生的这种矛盾现象，是学生成长过程必然存在的过渡期，作为教师我们须及早帮助学生解决这种矛盾，让这种过渡期尽量缩短。经历过渡期，学生有了深度学习的意识和掌握了深度学习的方法，他们的学习效率将大大提高，有利于他们战胜高考，同时对他们以后的人生有着巨大的积极意义。

1. 基于日常生活、生产劳动实践的深度学习内容的整合策略

在现实的物理教学中我们往往存在着不注重物理知识与生产生活联系的弊端，从而导致学生发散性思维压抑和被动的现状，最终导致课堂效率一般。为了提高课堂效率和学生的学习效率，我们应该抛弃传统的教学模式，大胆创新自己的教学方法，大力引导学生进行深度学习。其实物理教学中很多内容与我们的生活有着密切联系，物理知识往往是生活中一些现象的重复或正在实践的产物，物理反映了现实中的生活，而现实生活无处不反映出物理知识的根源。物理教师要注重物理知识的合理拓展与延伸，甚至各学科知识之间的合理迁移和渗透，以"举一反三"的方式巩固所讲授的课文内容，这样才能取得事半功倍的效果。

例如在讲"动量"时，可以对学生讲以下生活知识：如果你想让啤酒不冒泡地倒满杯子，你就应当在倒的过程中，尽量减小啤酒杯中液体的速度。竖直直接倒入之所以不适用，就是因为这种方式使啤酒柱有较大的动量，从而使杯中的啤酒速度差加大，易形成大量的小旋涡。而斜溜式，一方面降低了啤酒从瓶口到接触杯子这段落差，另一方面杯子倾斜可以将啤酒柱对杯子的正冲击变

为斜冲击，从而减小啤酒接触瞬时的动量改变；再者斜溜过程，增加啤酒到杯底的路程，在这溜的过程中，杯壁近处的边界黏性层造成的阻力也可以减小啤酒到达杯底的速度，使整个过程中泡沫较少。人们不无诙谐地把这种倒啤酒的窍门总结为三个含谐音的成语："歪门斜倒（邪道），杯壁（卑鄙）下流，改斜（邪）归正。"

又比如在讲摩擦力知识时，可以把"摩擦力"与课外知识联系起来设计教学方案，在完成课内知识的同时，开阔了学生的视野，激发了学生的求知欲和学习物理的兴趣。

以下是"摩擦力"基于知识拓展的教学设计方案节选：

【教学器材】

"农夫山泉"矿泉水瓶一个，切去上半部分，留下下半部分；普通大米适量；普通筷子一根。

技巧是：在瓶中加满（过满）米，用手盖住杯口，压紧，然后微张开手指，将筷子插入米中，缓慢提起筷子。实验成功，转动筷子，杯子和米也不会掉下。

【教学过程】

向同学们表演小魔术"筷子提米"。将大米倒入杯中，将筷子插入米中，提起筷子（显然是提不起米的），问学生：为什么提不起？接着再增加适量米，让杯中米过满再试一试。自主探究，直到实验成功。

让学生思考三个问题：

1. 筷子靠什么力提起米？

2. 为什么第一次提不起？

3. 为什么第二次提起了？

4. 做了怎样的处理？

5. 什么原理？

引导学生：思考以上问题5分钟后学生作答，并对杯（杯和米视为整体）画图进行受力分析。（学生思考进行深度学习）叫学生分别回答问题后老师点评并再问：静止在空中后，摩擦力与重力有什么关系？（从"摩擦力"拓展到"二力平衡"）

原理揭秘：物体和物体之间有静摩擦力，当物体受力要运动时，摩擦力就会以相反方向阻碍物体的运动。在实验中，由于杯子内米粒与筷子之间的挤压，使杯子、筷子和米粒紧紧地挤在一起，这样杯子、筷子和米粒之间的摩擦力增大。将筷子向上提起，米粒和杯子由于摩擦力的作用阻碍筷子向上运动，结果反而将米粒和杯子一起提了起来。

生活中还有很多关于摩擦力的应用：

1. 鞋底探秘（课外知识的拓展）

从记事时算起，你穿过的鞋有多少？恐怕你没有认真统计过吧！这些鞋的鞋底各有什么特色，人们很少去注意。其实，鞋底也隐藏着许多有趣的物理知识。通过图片展示一些平底鞋，鞋底都有凹凸不平的花纹。

这不是为了美观，而是为了增大鞋底与地面间的摩擦。让学生观察自己的鞋底。一双塑料底的棉鞋，鞋底花纹已磨平，冬天穿上这双棉鞋到冰面上走一走，你就能体会到鞋底有花纹是多么必要。展示一双田径鞋，让学生观察它的鞋底。思考：这样的鞋底设计有什么好处？

鞋底的前后掌花纹并不一样，前掌是锯齿形花纹，后掌则是粗宽的横条形花纹。这种特殊的设计与田径运动技术的特点有密切关系，田径运动员下肢蹬离地面或着地的动作，都和前脚掌与地面的相互作用有关，它要求鞋底具有良好的抓着力和防滑性能，并且需要鞋底有增大地面对人体运动的反作用力的功能。田径鞋前掌的锯齿形花纹，恰可以满足上述要求。

例如运动员在蹬离地面的瞬间，前脚掌对地面的压力较大，鞋底的前掌花纹会产生定向倾角，而锯齿形花纹所产生的定向倾角较小，因此使花纹的弹性形变增大，从而增大了地面对人体运动的反作用力。在穿着过程中，锯齿形花纹可使脚掌的着地面积逐渐增大，使鞋底始终保持较强的抓着力和防滑性能，至于鞋底后掌，在运动中受力面积较小，因而压力就集中，容易磨损。刻上粗宽的横条形花纹，可以使后掌的面积增大，从而使压力分散，提高鞋底的耐磨程度。

2. 摩擦与自行车（课外知识的拓展）

没有摩擦自行车也就无法存在了。由于存在摩擦，我们才能用螺丝把自行车组装起来，形成一个完整的、能够使用的整体。车把套、脚蹬子、轮胎上的花纹都是利用摩擦防止打滑的例子。自行车上的闸也是利用摩擦力刹车的，刹车时闸皮对车轮的压力增大，同时闸皮与轮子间的摩擦力也随之增大，使车子尽快停下来。

在另外一些情况下，我们不希望有摩擦力。在自行车前轴、中轴、后轴都要加滚珠、润滑油来减小摩擦力。

按照上述分析问题的方法，你还可以研究一下家里的缝纫机，还有汽车、拖拉机等机械或器械，在构造和工作原理上，哪些地方是应用摩擦的，哪些地方是需要减小摩擦的（提出要求让学生进一步进行深度学习）。

显然，像上面例子般设计教案是学生喜欢的，课堂效果也就立竿见影。所以基于日常生活、生产劳动实践的深度学习内容的整合策略可以在选定的教学内容上适当添加与之相关联的生产生活的实际应用。

2. 基于整合科技、社会和经济发展的深度学习内容的策略

物理知识与科学技术、社会和经济发展息息相关，在课堂授课时教师要充分利用物理知识与相关科技发展的联系，引导学生通过自己查找资料进行深度学习。如在讲授"万有引力定律"前，布置学生查找我国北斗卫星导航系统资料，课前上交，老师推荐一位资料齐全、能体现出爱国情怀的学生上台演讲，以满足学生的表演欲和激发学生的爱国情怀。

以下是我国北斗卫星导航系统资料：

我国北斗卫星导航系统（BeiDou Navigation Satellite System，BDS）是中国自行研制的全球卫星导航系统，是继美国全球定位系统（GPS）、俄罗斯格洛纳斯卫星导航系统（GLONASS）之后第三个成熟的卫星导航系统。北斗卫星导航系统（BDS）和美国GPS、俄罗斯GLONASS、欧盟GALILEO，是联合国卫星导航委员会已认定的供应商。北斗卫星导航系统由空面段、地面段和用户段三部分组成，可在全球范围内全天候、全天时为各类用户提供高精度、高可靠定位、导航、授时服务，并具短报文通信能力，已经初步具备区域导航、定位和授时能力，定位精度10米，测速精度0.2米/秒，授时精度10纳秒。2018年12月26日，北斗三号基本系统开始提供全球服务。2019年9月，北斗系统正式向全球提供服务，在轨39颗卫星中包括21颗北斗三号卫星：有18颗运行于中圆轨道、1颗运行于地球静止轨道、2颗运行于倾斜地球同步轨道。2019年9月23日5时10分，在西昌卫星发射中心用长征三号乙运载火箭，成功发射第47、48颗北斗导航卫星。2019年11月5日凌晨1点43分，成功发射第49颗北斗导航卫星，北斗三号系统最后一颗倾斜地球同步轨道（IGSO）卫星发射完毕，12月16日15时22分，在西昌卫星发射中心以"一箭双星"方式成功发射第52、53颗北斗导航卫星。至此，所有中圆地球轨道卫星全部发射完毕。2020年3月9日19时55分，中国在西昌卫星发射中心用长征三号乙运载火箭，成功发射北斗系统第54颗导航卫星。

建设北斗卫星导航系统，是提高我国国际地位的重要载体。卫星导航系统的建设不仅需要雄厚的技术实力为依托，还需要雄厚的经济实力作保障。我国建设独立的北斗卫星导航系统，展示了综合国力和技术实力，不仅可以从根本上摆脱受制于人的局面，而且对于提升我国的国际地位，提升我国的国际影响力具有重大意义；建设北斗卫星导航系统，是促进和推动经济社会发展的强大动力；建设北斗卫星导航系统，是推动我国信息化建设的重要保证。

3. 基于整合提高学生分析综合能力的深度学习内容的策略

分析综合能力是指学生能够独立地对所遇到的问题进行具体分析、研究，弄清其中的物理状态、物理过程和物理情景，找出起重要作用的因素及有关条件，提出解决问题的方法，运用物理知识综合解决问题的能力。高中物理试题中的多运动过程问题就考查学生的综合分析能力，平时教学中我们要利用这类问题来促进学生综合能力的提高。

以直线运动与圆周运动、平抛运动结合题目为例，引导学生进行深度学习。

在半径$R=5000$km的某星球表面，宇航员做了如下实验，实验装置如图4-1甲所示。竖直平面内的光滑轨道由轨道AB和圆弧轨道BC组成，将质量$m=0.2$kg

的小球，从轨道 AB 上高 H 处的某点静止滑下，用力传感器测出小球经过 C 点时对轨道的压力 F，改变 H 的大小，可测出相应的 F 大小，F 随 H 的变化关系如图 4-1 乙所示。不考虑该星体自转的影响，求：

（1）圆轨道的半径及星球表面的重力加速度；

（2）该星球的第一宇宙速度。

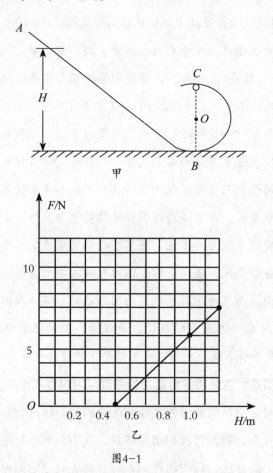

图4-1

学生分析：

（1）小球从高为 H 处滑到 C 点遵循什么规律？

（2）小球在 C 点受到什么力？哪些力提供了向心力？

（3）图乙的物理意义是什么？可以怎么利用上面的数据？

（4）星球表面在解题中有什么含义？怎样用它求第一宇宙速度？

把题目的两个综合问题拆分成4个问题，学生分析以上4个问题的过程，其实就是在进行深度学习的过程。对于这类问题教师可以总结解题思路和注意事项给学生，形成规范，以帮助学生日后解决这类问题时有依据可循。

附：

解题思路：

"合"——初步了解全过程，构建大致运动图景

↓

"分"——将全过程进行分解，分析每个过程的规律

↓

"合"——找到子过程的联系，寻找解题方法

解题注意事项：

题目中有多少个物理过程？

↓

每个过程物体做什么运动？

↓

每种运动遵循什么物理规律？

↓

运动过程中的一些关键位置（时刻）是哪些？

4. 基于整合实验的深度学习内容的策略

实验是学习物理的重要方法，概念的建立、真理的发现都建立在无数次实验的基础上。物理实验可以培养学生的学习兴趣，巩固物理知识，提高实际操作技能，培养创新能力。高中物理有12个实验是必考内容，需要深度学习。基于实验的深度学习内容的整合策略，可以把这12个实验定为实验目标，通过创

设实验情境，改变取材，改变传统实验方法等给学生创设深度学习的条件，从而提高学生对实验内容的掌握水平。

（1）创设物理实验情境。物理实验能为学生的感性认识提供很好的帮助，为学生今后的学习打下基础。开放性的实验情境，能使学生的积极性得到充分的调动，继而使学生更好地进入对物理的深度学习中去。教师要注重实验和理论相互结合，使学生运用自己的知识和技能分析处理问题。

（2）从身边常见的材料中取材，提倡用低成本的、随手可得的东西做物理小实验。这些出人意料的实验，不但能说明问题，也为学生下课后自己重复去做这些实验提供了可能性。比如在讲到物体的重心时，教师可以拿一个白炽灯泡举高一米左右往水泥地板上释放，学生们非常惊奇地发现灯泡竟然没有碎！仔细观察后发现这是由于重心的作用，灯泡着地时是灯头先着地的缘故。再如在"研究影响物体下落快慢的因素"教学中，可利用纸、硬币来做随堂小实验，激发学生的探索兴趣。

（3）把一些演示实验变为学生探究性实验。爱因斯坦说过："对真理的探索比占有更加宝贵。"物理实验不仅可为学生形成概念、理解规律提供必要的感性材料，实验过程也充满了理论和思维，是思维支配下的探索活动。把演示实验变成学生的探究实验，有利于学生进行探索认知活动，这是一种深度学习的表现。

案例：自由落体运动规律的研究（学生分组实验）

准备一元硬币一枚，用质地较软的纸剪成与一元硬币同样大小的纸片两个。首先将硬币与一个纸片同时从同一高度释放，现象很明显：重的物体下落快（亚里士多德观点），这与同学们平时的感觉是吻合的。然后将一小纸片揉成团，与另一纸片重复上述实验，结果同样重量的两个物体下落的速度并不相同。这与学生原有的感觉产生矛盾，引发了学生的认知冲突，学生进一步思考，看来重量不是决定物体下落快慢的唯一因素，学生的认识更进了一步。接着用硬币和纸团重复实验，结果两物体几乎同时落地。这时老师提醒学生思考：如果没用空气阻力会怎样？先让学生通过刚才的实验现象推理结果，然后用牛顿管做实验。学生从自相矛盾的推理结果到牛顿管亲眼看到的现象，深受震撼，立刻豁然开朗。经历这样的探究过程远比直接告诉学生"只在重力作用下，物体下落的快慢是相同的"，在理解上要深刻得多。

（4）对演示实验现象进行放慢、暂停处理。如在"牛顿管实验"中，抽掉空气，羽毛、金属片是否一起下落，学生无法判断，可信度差。我们可以利用录像机把实验过程拍下来，然后进行放慢、暂停处理。

第二节　高中物理新旧教材资源的整合应用

　　"深度学习"是指"学生在理解学习的基础上能够批判地学习新的思想和事实，把它们融入原有的认知结构中，在众多思想和方法中进行联系，并能将已有的知识迁移到新的情境中去，做出决策并解决问题。"高中物理知识大多数属于程序性知识，要求学生具有较高水平的思维能力、逻辑推理能力以及材料加工能力，高中物理学科的特点决定了学生进行有效深度学习的必要性。

　　深度学习需要我们把知识问题化，把问题情境化。新课程标准指出，教师要善于引导学生从真实的情境中发现问题，有针对性地展开讨论，提出解决问题的思路，使学生的认识逐步得到发展。因此，教师可通过整合新旧教材的资源，创设物理情境，让学生在情境中发现问题，探究物理规律，形成物理观念和科学思维，转变学习方式，在深度学习中提高物理学科核心素养。

一、整合有趣的实验现象创设物理情境

　　丰富的实验现象是创设物理情境的有效手段。它可以引起学生的无意注意，是培养学生学习兴趣的有效途径。例如我们在引入摩擦力概念时，人教版新教材引入手握玻璃瓶和竖直提起两本书页交叉的书这两种现象，可以和粤教版老教材的实验探究形成互补，激发学生的探究热情。教师还可以设计一些简单可行的演示实验，作为教材的补充，比如有两个铁架台，一个竖直杆光滑，一个竖直杆粗糙，让铜管在两个竖直杆上从同一高度同时下落，让学生观察现象，引入摩擦力。在引入超重失重现象时，我们可以用纸带加速将与之连接的

重物提起，纸带会断裂，引发学生的思考和探究。教师也可以恰当地选择一些高考题设计成一些小实验，例如让圆形磁铁从竖直的铜管内下落，下落的时间较长，而让圆形磁铁从竖直的塑料管内下落，下落时间较短，通过对比实验，创设情境，提出问题。关于物理实验，旧教材往往直接写出假设和方法步骤，新教材则请学生根据所给出的资料做出假设，允许学生以教材提供的探究方案为参考，制订自己的探究计划。可以看出，旧教材中的实验"已经替学生安排好了"，学生只要照着做就行了；而新教材更好地体现了学生的主体性，注重改变学生的学习方式，让学生能够主动参与，更真切地体验科学研究的过程。除了实验，新教材的探究活动贯串于全书之中。通过深度学习，学生可学会实验原理的迁移。

二、图表整合，提出猜想和假设

科学探究的重要性在于大胆地提出猜想和假设，提出一个问题比解决一个问题更重要。因此，教师应该让学生依照自己掌握的物理知识和经验，对问题的答案做出大胆的猜想或者假设。

提出猜想与假设是科学探究的重要环节。如"影响加速度的因素"一节，粤教版是通过斜面的实验来探究，人教版增加了一些运动物体的加速度信息，来引导学生猜想影响加速度的因素有哪些。学生将加速度的正负进行比较，猜想加速度与力的方向有关；将赛车起步与汽车起步相比较，猜想加速度与物体的质量有关；最后综合提出猜想：加速度与力和物体的质量有关。在这一过程中学生不仅能对影响加速度的因素进行科学猜想，还提高了提取信息和处理信息的能力。一些运动物体的加速度（单位：$m \cdot s^{-2}$）如表4-1所示。

表4-1

运动物体	加速度	运动物体	加速度
炮弹在炮筒中	5×10^4	赛车起步	4.5
跳伞者着陆时	-24.5	汽车起步	约2
喷气式飞机着陆后滑行	-5~-8	无轨电车起步	约1.8
汽车急刹车	-4~-6	旅客列车起步	约0.35

下面是一节整合后的教材内容：

从伽利略的理想实验到牛顿的总结，已经知道力不是维持物体运动的原因，而是改变物体运动状态的原因；物体运动状态发生了变化，说明物体有了加速度，因此，力是使物体产生加速度的原因。

1. 加速度与物体所受合力的关系

生活中的实例：

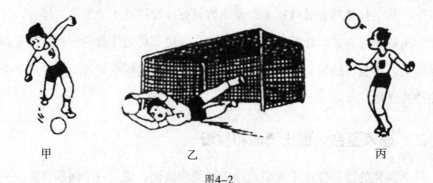

图4-2

图4-2甲中，足球由于受力有了加速度，由静止变为运动；乙中，足球由于受力有了加速度，由运动变为静止；丙中，足球由于受力有了加速度，改变了速度的大小和方向。

学生实验一：

（如图4-3）取两个质量相同的小车，放在光滑的水平板上，小车的前端各系上细绳，绳的另一端跨过定滑轮各挂一个小盘，盘里分别放着数目不等的砝码，使两个小车在不同的拉力下做匀加速运动。小车所受的水平拉力F的大小可以认为等于（包括砝码盘）所受重力的大小。车的后端也分别系上细绳，用一只夹子夹住这两根细绳，以同时控制两辆小车，使它们同时开始运动或停止运动。

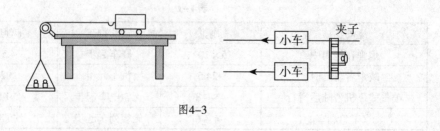

图4-3

【讨论与交流】

（1）物体的加速度与某个外力有关还是与合力有关？

（2）由实验观察，加速度由什么决定？定性说明它们之间的关系。

2. 加速度与物体质量的关系

生活中的实例：

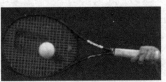

a 一个乒乓球滚来时，用球拍轻轻一挡就能
使它改变方向；一个网球以同样大小的速度滚
来时，要用很大的力握住球拍去挡，才能使它
改变方向

b 推动一辆原来静止着的空车很容易，但用
同样的力推动一辆载重车却很难

图4-4

学生实验二：

（如图4-5）悬挂动滑轮的两根细绳要竖直，当不考虑动滑轮的转动惯量时，两根细绳对A、B小车的拉力大小相等。A、B两小车的质量不相同，可以通过实验观察定性得出加速度大小跟质量的关系。

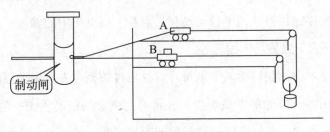

制动闸

图4-5

【讨论与交流】

（1）加速度与质量之间的定性关系如何？

（2）（师生共同讨论）两个实验中摩擦力的存在对探究结果会不会有影响？

结论：物体的加速度与物体所受的合外力及物体质量有关，加速度的方向与合外力方向相同，在物体质量不变的情况下，合外力大，加速度大，合外力小，加速度小；在物体所受的合外力不变的情况下，物体质量大，加速度小，质量小，加速度大。

三、基于教材整合，走向深度学习

1. 概念和规律的本质教学研究——类比法

自然界的规律具有多样性和统一性，而且联系是普遍的，所以在物理教学中，寻找类似的概念和规律加以提炼，有助于学生理解和掌握概念、规律的本质思想，减少记忆量，为知识的迁移奠定基础。在物理教学中，类比法可以帮助学生理解较复杂的实验和深难的物理知识，还可以加深学生的记忆。我们正是想利用类比方法的解释功能，来突破教学难点，解决物理难学、物理难教的问题。

概念类比：如比值定义法，密度、电阻、加速度、电场强度、电容、磁感应强度等，加速度与感应电动势本质类似，取决于变化率。各概念由决定式中的因素决定，与定义式中物理量无关。我们还把电势和高度、电势差和高度差、电势能和重力势能做类比，把抽象的概念形象化，让学生观察和思考，形成概念。

规律类比：加速度和电场强度等矢量都可运用平行四边形定则，万有引力定律和库仑定律的相似性，平抛运动和带点粒子在电场中的偏转，匀速圆周运动和带电粒子在匀强磁场中偏转等。

在一轮复习中，我们要求学生每月对复习过的概念先找出类似的方面，然后分类，提出各类概念的本质思想，并将有关概念的错题重做一遍，再做2道变式训练题来强化。我们将规律类似的知识编排在一起复习，让学生对比和类比，找出异同点，加深对细节的体会，如平抛运动和带电粒子在电场中的偏转。

2. 教材的删减与补充、课件的制作

我们把教材中的问题进行改编，如加速度的概念教学，采用问题串的方式，提出第一个问题：物体速度的变化有快慢之分，引出加速度的物理意义，接着提出第二个问题：两个物理速度变化和时间不同时，怎么比较速度变化快慢，让学生用数学方法构建加速度的定义式。那些器材不足的实验用看录像来代替，如验证动量守恒。根据知识点的难度和重要性，根据启发性原则和类比教学法，制作课件和导学案，我们在实践中探究，在探究中实践，一方面注重知识的传授，充分利用学生的自主学习，通过制作导学案，以小组为单位，提前让学生对新课的基础知识和知识框架有个清楚的认识；另一方面重视实验的探究，教会学生分析已知条件和实验步骤找出实验原理，建立方程，再用数学方法去变换，结合图像解题。另外我们把高考题中的实验改成学生小实验，比如求系统的加速度。

3. 物理模型的教学研究

学生反映较普遍的问题："我上课能听懂，课本上的例题也大致搞得明白，但是在处理新的物理问题时，却感觉很茫然，不知从何处下手。"究其原因，大部分学生在处理实际问题时，不能从题目中提炼出关键信息，进行受力分析和运动分析，找不出对应的物理模型，最终导致无法利用课堂上所学的物理模型和物理规律解决问题。

"物理难学"，这难就难在不会受力分析和运动分析上。所以说，学习物理的第一步就是受力分析和速度分析，判断运动性质，找到对应的物理模型，调用模型的公式，运用逆推法，最后得到问题的解决步骤。

对如何培养学生物理建模能力，我们提出以下做法：

（1）课本基本模型要加强推导

合力和速度的夹角可以帮我们判断出运动性质和做功情况。平抛运动，它的研究方法是化曲为直，水平方向我们找出受力和速度情况，运用牛顿第一定律判断出物体做匀速直线运动；竖直方向初速度为零，只受重力，做自由落体运动，然后运用匀速和自由落体的规律来研究就简单了。在研究圆周运动时，任意位置沿半径指向圆心的合力提供向心力，首先要受力分析，然后正交分解，最后写出合力。

（2）模型相同的题目要分类训练，多题归一，总结出解题技巧和标准步骤

如圆周运动和平抛运动和动能定理结合的题型；板块模型板块最终共速、物体相碰粘在一起、子弹打木块留在木块内，运用完全非弹性碰撞模型来处理；板块类的问题既可用能量守恒来做，也可用系统的动能定理来做；电子绕原子核运动和卫星模型类比。

（3）加强课后指导，对所学知识进行归纳总结

每章节学习之后，组织学生对本章节内容进行归纳总结。通过练习和试卷，有针对性地就学生的物理模型构建能力进行适度训练，避免学生盲目使用"题海战术"。教师可充分利用小组合作学习的优势，先指导一批物理基础扎实、思维敏捷的学生，让学生教学生，这样一方面可以减轻教师的负担，另一方面可以让学生在讨论、质疑和求证的过程中，学会灵活使用数学方法、控制方法及模型方法等各种科学思维方式来构建物理模型，不断增强学生的构建能力。

4. 过程的拆分，寻找过程衔接点和突破口

我们教会学生断句、拆分：

（1）所有计算题都要画图形。

（2）计算题文字较长，但文字一般由三部分构成，一是介绍装置，二是介绍运动，三是介绍条件。

首先要把题中的文字和图形对应上，形成自己的表达语言，即断句。

（3）每个题都有运动，先明白物体整体做什么运动，然后把不同的运动形式找出来，即拆分，再找出对应的运动模型。

（4）圆周运动的最高点和最低点通常是衔接点，每个过程用逆推法（分析法）来寻找突破口。

　　如何构建深度学习的教学模式，如何设计课堂教学方法和内容，做到深入浅出，全员参与，符合学生认知层次，使学生认识理解概念的物理意义和内涵，规律的本质、适用条件、推导过程，物理学理论的本质思想，是教师的执着追求。实例分析能让学生感悟物理道理，物理实验能让学生经历知识的建构，情境创设能让学生得到心理暗示，知识迁移能让学生得到启发。

第 五 章

高中物理深度学习中的活动过程设计

第一节　高中物理深度学习任务的制定

高中物理学习任务无论在课堂学习还是课后巩固中均占据着重要的地位。学生在课堂内外要完成各种各样的学习任务，这些任务的特性会直接影响学生的学习状态，决定达成何种学习结果，所以好的学习任务设计尤为关键。而深度学习学习任务的制定，能更有效地促进学生深度学习，引领学生深度学习的方向，从而促进高中物理核心素养的培育。

学习任务在本质上是由学习目标决定的，为特定的目标达成而服务，因此，指向深度学习的学习任务设计一定要与学习目标的达成相一致。同时，明确的教学目标是教师开展能够促进学生深度学习的教学的基础。学生在完成课堂内外的深度学习学习任务时必须明确学习目标，使学习任务达到应有的价值和效果，以促进深度学习，实践核心素养的要求。指向深度学习的教学目标确定要基于单元整体设计。王琳珊老师指出，做好单元整体教学设计，教学目标是关键。王老师认为在确定教学目标时，应包含以下四要素：行为主体、行为动词、行为条件和表现程度。教师要学会关注教学目标的设置，教学目标要体现教学内容、方法、过程的整体性；要学会关注过程与方法，做到层层递进；要学会关注形成性评价设计，以提升学生的学习力。在确定教学目标之前教师要研读新课标，研究教材，明确本册的知识点并进行整合，巧妙地将前后教材联系起来，分析学情，从纵向、横向进行综合考虑。

一、深度学习的目标制定

教学目标是整个教学活动的出发点和归宿。无论是学生的学还是教师的教，都应该有目标可依，有目标可循，有方向，有要求。为了促进学生在课堂内外对于物理的深度学习，保障学生在课堂内外进行高效的有意义的学习，无论是课堂内容还是课后习题，甚至是考试题目的设计，教师都必须明确，我的教学目标是什么，我希望学生的学习达到什么样的程度以及为什么要设立这些目标。因此，促进高中物理深度学习目标的确定是促进学生深度学习学习方式转变的核心内容。

1. 深度学习的总目标

学情因素是学习目标的重要构成因素，学习目标的设计与定位最为关键的前提便是对学生已有知识基础、经验以及认知水平等学情进行分析，并且从知识深度理解着手，明确不同学情背景下学习成果应具有的差异化特性。

学习目标是教学设计的"灵魂"，它支配和引领着教学设计的其他各环节，是促进核心素养落地的关键因素和有效抓手。科学的教学设计首先源自教学目标制定的理性化。

指向学生发展核心素养的教学设计必须改变只重视教师立场的形式性陈述目标的现状，真正将对学生学习目标的研制置于教学设计思考的中心，确立从学生发展核心素养立场出发的素养型学习目标。一般来说，素养型学习目标的界定主要包括：

第一，它是对学生经历知识习得过程后的学习结果预期，而非对教师所要教授内容知识的设定。具体来说，它是对学生能够运用所学知识进行的内部心理操作和外部行为能力的描述。通俗地讲就是，学生习得相关知识之后能够理解什么和能够做什么，它是学生真正掌握知识的结果性证据，是制定学习评价标准的基本依据。

第二，它是指向深度学习结果，而非浅表学习结果的目标。所谓深度学习结果目标就是学生的学习结果是需要运用如马扎诺所提出的"决策、问题解决、实验、调查、目标设定、自我监控以及自我系统检查"等包含了情感、态度和价值观的高阶心智操作才能达到的表现水平；而浅层的学习结果预期通常表现为对事实性知识的记忆或程序性知识的常规运用。

第三，它是长期目标和短期目标的有机组合。长期目标主要包括学生对所学知识蕴含的基本观念和意义价值的深入理解能力，以及基于这种理解自主运用所学知识解决复杂情境问题的灵活迁移能力。短期目标则指传统的"双基"目标，只是在素养型学习目标体系中，它不再是终极性学习结果，而是服务于获得理解能力和迁移能力的必备知识基础。与此同时，短期目标主要是在实现长期学习目标的过程中，以一种有意义的"附带学习"形式间接获得的。

2. 深度学习的章节目标

课堂实践中要落实深度学习的目标，必须落实每一章节的学习目标，每一章及每一节。确定章节目标前先确定知识要点，例如物理必修1第三章《相互作用》的章节内容要点为：重力、弹力、摩擦力、牛顿第三定律、力的合成和分解、共点力的平衡条件，其相关内容的线索为：从相互作用到运动与相互作用的关系。

图5-1

确定了章节学习目标以后才能具体设计学习任务，帮助实施深度学习的教学过程，以《力的合成与分解》一节的学习目标为例。

力的合成和分解时受力计算的工具，是等效替换的一种计算方法，不属于运动与相互作用观的核心知识。

（1）不用力的合成和分解方法直接求解物体的受力，计算三角形支架受力等问题，不在这里出现。

（2）分力的方向不是由力的作用效果确定的，而是根据问题解决的需要。

新授课时，分力方向由题目告知。

把"力的合成"和"力的分解"合并为一节课，称为"力的合成与分解"。

上述例子说明，基于物理课程标准，设计深度学习目标，需要符合学生的实际发展水平，确保学生能够完成教师所制定的教学目标，从而逐步发展学生的高阶思维，因此需要把"力的合成"和"力的分解"合并为一节课，称为"力的合成与分解"。

深度学习注重培养学生分析、评价、迁移、创新的能力。为了激发学生的内在学习动机以及制定合理的教学目标，培养学生的核心素养和高阶思维，教师应该严格遵循物理课程标准的要求，从学生的实际学习情况出发，制定指向深度学习的教学目标。另外，教师在教学中应注重营造良好的学习氛围，这有利于激发学生的物理学习兴趣，维持学生的深度学习进程。

例如：在学习感应电流时，教师针对不同学习情况的班级，根据高中物理课程标准的要求，在学习基础较好的班级制定如下教学目标：

（1）理解楞次定律的内容中"阻碍"的含义，并能够运用楞次定律解决相关问题。

（2）熟练掌握右手定则，认识右手定则是楞次定律的一种具体表现形式。

（3）体验楞次定律实验探究过程，培养学生实验探究的能力。

（4）通过体验科学家对物理规律的探究过程，学习严谨认真的科学态度。

而另一个班级基础稍弱，考虑到班级内学生的学习情况，教师可以适当删除熟练掌握右手定则那一条。这样做避免了物理学困生由于难点较多而影响重点知识的学习，有助于学生在物理学习过程中有效地进行深度学习。

3. 深度学习的习题目标

深度学习高中物理知识离不开知识的应用，而知识的应用必须围绕核心素养的提升，习题的设置正是学生提升核心素养的一个步骤。

黄恕伯老师在《基于提升学科核心素养的高中物理练习题设计》的讲座中提到，练习是知识在具体问题上的应用过程，会把知识应用到具体问题上，并不是练习的目的，通过这个知识应用的过程，提升学生的素养，这才是目的。

黄老师举了2019年高考全国理综Ⅰ卷第21题这个例子补充说明，题目如下：

在星球M上将一轻弹簧竖直固定在水平桌面上，把物体P轻放在弹簧上端，P由静止向下运动，物体的加速度a与弹簧的压缩量x间的关系如图5-2中实线所示。在另一星球N上用完全相同的弹簧，改用物体Q完成同样的过程，其a-x关系如图中虚线所示，假设两星球均为质量均匀分布的球体。已知星球M的半径是星球N的3倍，则（　　）

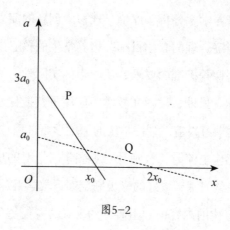

图5-2

A. M与N的密度相等

B. Q的质量是P的3倍

C. Q下落过程中的最大动能是P的4倍

D. Q下落过程中弹簧的最大压缩量是P的4倍

黄老师认为，本题情境新颖，涉及了物体在不同星球做运动，而且物理条件a-x图像没怎么练过，考查了很多方面的内容，作为选拔性考试，这道题非常好。但若把它直接作为习题，则有以下缺点：主题太多，如考查了万有引力定律、牛顿第二定律、机械能守恒定律、简谐振动等主题，缺乏重点的目标，无法搭建知识和素养的架构；内容散乱无序，缺乏合理的思维线索，难以提升思维能力；重结果，轻过程，缺乏对解决问题过程的引导。

因此，黄恕伯老师提出提升素养的练习题要求：

（1）情境由生活中的真实物体构成，有利于利用现实的条件解决实际问题，可以培养用物理观念解决实际问题的能力素养；

（2）学生可以自己建立坐标系（寻找证据）；自行设计测量方案，经历测量和解释过程（涉及测量技能，减少误差的方法），增强证据意识，提升设计方案、数据解释等科学探究能力素养；

（3）数据是真实的，能了解物体运动的实际情况，理论与实际相联系，养成联系实际、求实务真的科学态度。

从而确立深度学习的习题的编写目标：让学生从习题中掌握知识，让学生学会做；习题的设置要有关联，突出个别知识和素养，防止干扰核心主题，重视经历解答过程，实现核心素养在过程中的提升。

在课后习题设计中，还要注意其与考试试题的区别。考试试题的目标是筛选、甄别，有利于招生选拔，并指导教师的教学，发现教学的问题。考试的试题设计既要重视知识又要重视对能力的考查，并兼顾阅卷的客观和快捷。

4. 分解核心素养学习目标来促进深度学习

新修订的高中物理课程标准，将物理课程目标中的具体目标（三维目标）深化为"物理核心素养"，主要包括四大要素：物理观念、科学思维、科学探究、科学态度和责任。在教学中，确定某一内容的学习目标时，我们要先把学习目标细化成这四个方面，再有针对性地设计物理情境，引导学生学习。

例如，探究动能和势能的相互转化关系教学时，可以把学习内容目标细化，详见表5-1。

表5-1

素养维度	涉及方面	具体内容
物理观念	能量观念	动能和势能是能量的两种表现形式
		能量是守恒的，重力势能可以转化为动能
	转换观念	光电门是一个记录物体通过某一位置时间的光学传感器

续 表

素养维度	涉及方面	具体内容
科学思维	科学推理	单位分析法。单位分析作为高中物理常用的科学方法,可以用来分析物理表达式的本质特征
	模型建构	探究模型。动能和势能是复合量,不便直接测量,因而利用"落体法"进行实验,测量质量、下落高度、遮光时间、挡光条的宽度,就可以求出动能和势能的变化
	质疑创新	实验改进。针对实验过程中所出现的一些问题,提出提升实验精度的注意方面或更为妥当的实验操作方法
科学探究	问题	明确提出问题:物体下落过程中物体动能和势能的变化情况如何
	猜想	提出猜想:动能和势能可以相互转化
	方法	设计探究方案:现象分析(理论探究),下落过程中动能增加,势能减少。实验验证猜想(实验探究),测量下落过程中重力势能的减少量和动能的增加量
	证据	采集和分析数据:1人操作仪器,1人读取数据,1人记录数据,1人计算数据
	交流	得出结论:小组成员代表阐述研究的结论并且做说明。物体在下落过程中重力势能可以转化为动能,并且重力势能的减少量近似等于动能的增加量
	评估与反思	误差分析,实验数据的误差来源于多个方面,如测量读数、摩擦力等
科学态度与责任	科学本质	物体在下落过程中,重力势能转化为动能,重力势能的减少量近似等于动能的增加量,这是科学探究的必然结果
	科学态度	一个科学理论的发现必须接受理论推理和实验检验,不能只靠个人猜想和轻信他人
	社会责任	在科学实验实践中,借助先进的科学技术,可以很精确地完成实验,因此科技进步可以给我们带来很多便捷,我们不但要学会使用,更要学会推广和改进,让科学技术更好地为人服务

二、深度学习的任务制定

1. 深度学习的特性

深度学习是一种学生自主的、批判性的学习方式,它有利于学生更加高效地、有意义地进行学习,引发学生思维方式、学习态度和习惯的转变,从而更好地培养学生的核心素养。所谓深度学习，是指在教师的引导下，学生围绕具有挑战性的学习主题，全身心积极参与任务和活动、持续性反馈、体验成功、获得发展的有意义的学习过程。

2. 深度学习学习任务的特性

具有深度学习属性的学习任务要能够指向并促进学生达成学习的深度。深度学习任务的这一特性决定了学习任务不在于多，而在于精。教师要把握住知识点的核心，以此核心定位系统化、关键的学习任务，切忌学习任务零碎化、重复化。教师要能够给学生一定的时间与条件去反思、判断，为了解决学习任务，需要自我何种经验参与，已有的知能基础有哪些，采用何种方式，需要何种资源与帮助才能解决问题等。教师要依据国家课程标准、教材内容的要求，抓住课程学习中具有一般性、统领性、持久价值的大概念，以此设计学习任务，通过大概念任务的学习，促进学生建立有广度、可迁移的知识结构，实现对所学知识的真正理解。

在此基础上，深度学习任务更为关键的属性是聚焦于学科中的关键知识与技能，指向课程学习中核心、有持久的价值、可迁移应用于其他主题学习的大概念，引导学生围绕大概念进行探究。

任务是学习的起点，以目标引领，活动串联；任务是教学的终点，以综合评价，反馈反思。真实的学习目标直指核心素养，深度学习的核心素养反馈学习目标。在双向引导下，教师用"真"设任务，活动的实际，引导的切实，评价的精准，让学生主动思考。任务活动只有在真情实感之下、静水流深之中，才是深度学习。

3. 深度学习学习任务的类型

学习任务是能够表现出多种类型的，不同类型的学习任务对学生的认知期待、策略使用以及情感投入程度等有不同的要求。

四类学习任务，包括指向"是什么"的事实性任务、"为什么"的原理性任务、"怎么样"的理解性任务和"说一说"的观点性任务。

相对事实性学习任务来说，理解性和观点性学习任务更能推进学生的深度理解和思考，后者的任务特性决定了它要求学生有较为复杂的认知活动，比如解释、说明、比较、评估、反思等，这要求学习者不单单关注文本的字面，更为关键的是去关注概念架构以及文本之深层内涵，最终建构结构完整、逻辑清晰的知识框架，能够解决真实、具体的问题。毕竟学习的价值不在于机械识记知识碎片，这样的知识是没有力量的，教师要从知识的整体架构出发，思考知识学习与学生已有知识经验、现实生活世界的关联性，以此为基础去思考、设计学习任务，唯此才能推动学习走向深度。

例如黄恕伯老师将2019年高考全国理综Ⅰ卷第21题改为练习题：

在星球M上将一轻弹簧竖直固定在水平桌面上，把物体P轻放在弹簧上端，P由静止向下运动，物体的加速度a与弹簧的压缩量x间的关系如图5-3中实线所示。在另一星球N上用完全相同的弹簧，改用物体Q完成同样的过程，其a-x关系如图5-3中虚线所示。

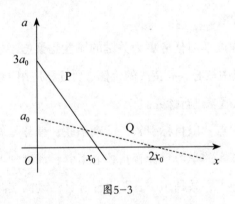

图5-3

（1）同一物体在M星球上的重力是在N星球上重力的几倍？

（2）P、Q的质量之比是多少？

以上两题的任务设计可以引导学生去看横坐标和纵坐标的含义，想象物理情景，通过横、纵坐标的知识转换情景。

（3）M星球上物体R由静止做加速度为$3a_0$的匀加速运动，通过x_0位移后速度多大？

此题的任务设计可以让学生运用匀变速运动的运动规律，考查知识点比较单一，与教科书相关内容很贴切。

（4）图中P、Q下落的最大速度之比是多少？

此题的任务设计可以让学生运用图像的面积的含义，帮助学生利用图像分析变加速运动v与a、x的关系，跟练习题的阶段性目标相吻合，有利于促进教学。

黄恕伯老师认为，改编后的习题可以帮助学生培养图像素养。因此，基于深度学习学习任务的课后练习题设计要满足以下条件：

（1）完善知识构建，为形成物理观念奠定基础；

（2）引导知识与实践关联，以物理视角剖析实际问题；

（3）认识物理模型特点，会把现实原型转换为理想模型；

（4）经历多种思维形式的科学推理过程；

（5）用证据表达观点和证明物理结论；

（6）敢于质疑，勇于创新，乐于发明；

（7）提出问题，做出猜想，检验猜想；

（8）合理设计研究方案；

（9）用恰当形式对事实进行解释。

三、深度学习的任务制定策略

在进行高中物理教学过程中，教师要按照课本的内容及有关知识点，对具体的任务情境进行设计，以便激发学生的好奇心和求知欲。设计有效的任务情境，教师不仅要对问题进行启发性的设置，而且要准确把握提出问题的时机和具体环境。

1. 以物理学史为线索落实课堂学习任务

以必修1第四章第一节《牛顿第一定律》的学习任务设计为例。

【目标解读】

物理观念：能用牛顿运动定律解释生产生活中的相关现象，解决一些相关的实际问题。

科学思维：能领悟理想实验的科学推理方法及其意义。

科学探究：能从生活中的现象提出可探究的物理问题。

科学态度与责任：通过了解与伽利略、牛顿相关的史实，认识物理学研究是不断完善的；乐于将牛顿运动定律应用于日常生活实际。

【学习任务】

大致叙述发现牛顿第一定律的历史过程，并做出初步评述。

描述伽利略关于力与运动的思想观念，以及对应设计出的理想实验和相应的推理结论。

表述牛顿第一定律（惯性定律），并对定律有较为深入的理解，体会定律深刻的思想和认识问题的本质性。

举例说明物体的质量是其惯性大小的量度，解释生活中的惯性现象。

【任务设计】

通过创设真实的动手实践活动，在真实的情境中，以既定的任务为目标，以教师的问题为导向，通过自主、合作、探究等方式完成学习任务。

表5-2

探究点拨	任务设计	设计意图
阅读史料，提出问题	历史上第一个用实验与逻辑质疑亚里士多德"物体在水平方向的运动都需要外力维持"观点的人是意大利科学家伽利略。请同学们阅读课本材料，思考伽利略是如何猜想的。	在正式演示伽利略斜面实验之前，先用阅读教学法与谈话法的方式，激发学生讨论与交流的兴趣。
动手实验，分析论证	这一观点与亚里士多德观点相悖，如何判断哪个观点是正确的？ 请根据提供的实验器材，用实验验证哪位科学家的观点是正确的。 	通过创设问题情境，引导学生在解决问题的过程中，经历"抓住主要矛盾，忽略次要因素"的思维过程，提升学生设计实验的科学论证能力。

探究点拨	任务设计	设计意图
依据生活经验事实，减弱阻力因素的影响	观察伽利略针和单摆实验 分析论证伽利略的观点 	模型建构是在对客观事物进行抽象和概括的基础上，抓住其关键因素，构建能反映其本质特征的理想模型的科学抽象过程。模型能把客观事物的本质属性和基本关系以最纯粹的形式表示出来。 通过演示实验让学生经历构建模型过程，从而推出伽利略理想斜面实验。
演示理想斜面实验，合理外推获取证据	演示伽利略斜面实验，引导学生在实验现象基础上进行推理。 	结合经典斜面实验与现代实验手段验证摩擦力对物体运动的影响，使学生经历科学思维过程，掌握理想实验方法，提升科学推理能力。

续 表

探究点拨	任务设计	设计意图
交流讨论，理解科学本质	亚里士多德和伽利略的研究方法有哪些异同点？为什么亚里士多德得出了错误的结论？	组织学生讨论亚里士多德与伽利略研究方法的异同，使学生意识到证据、实验、科学方法和想象力对科学研究的重要性，促进学生对科学本质的理解。
站在巨人的肩膀上，总结规律	通过亚里士多德、伽利略与笛卡尔等科学家的观察与实验，牛顿经过总结提炼得出牛顿第一定律，请同学们认真思考并理解相关物理概念。引出惯性概念。	以人们的认知过程为主线，让学生追根溯源，发现规律，建立物理观念，培养学生的科学态度与责任。
理解规律，应用规律	举出惯性在生活中应用的例子，应用惯性的概念解释生活中的惯性现象。 	能用牛顿运动定律解释生产生活中的相关现象，解决一些相关的实际问题；通过了解与伽利略、牛顿相关的史实，认识物理学研究是不断完善的，并乐于将牛顿运动定律应用于日常生活实际。

2. 借助互联网等信息技术落实课后学习任务

以必修2第三章第三节《飞向太空》的学习任务设计为例。

【目标解读】

物理观念：了解火箭的基本原理和主要结构；了解火箭的发射分离过程；了解人类在航天技术领域取得的伟大成就。

科学探究与科学思维：通过观察实验了解火箭发射的原理；认识火箭的演变过程；通过动画了解多级火箭的发射过程；通过互联网搜索图片和录像了解人类对太空的探索。

科学态度与责任：体会理论对实践的巨大指导作用；体会航天事业对人类所产生的影响；认识太空探险是一项光荣而危险的任务。

【学习任务】

课后利用互联网按照以下内容查阅资料：火箭从古至今的发展历程及其特点；多级火箭结构及发射入太空的分离过程；不同国家火箭对比及中国长征系列火箭介绍；人类遨游太空的历史进程及中国航天进展；人类探索太空的仪器及探索现状。

利用课后的时间分组整理资料，通过整理的资料进行课件制作。

选择小组代表进行所整理资料的汇报。

【任务设计】

通过课前的资料收集活动，开拓视野，收集全面完整的资料，以既定的任务为目标，以教师的问题为导向，通过合作、分享、交流等方式完成学习任务。

教学设计流程如图5–4所示：

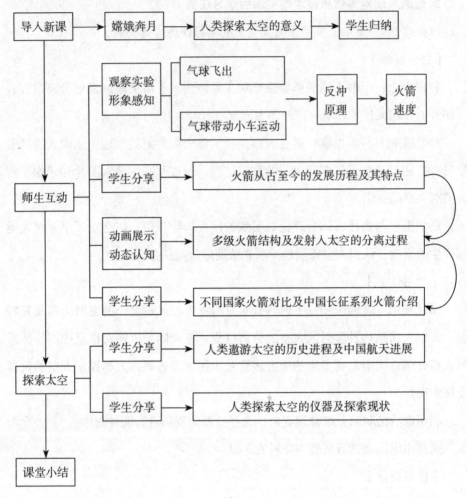

图5-4

在这个过程中，学生是学习的主体，教师只是学习情境的创设者和活动的组织者、引导者，这一点与建构主义教学观是一脉相承的，既继承了建构主义学习理论，也是在学科教学中的实践尝试。在这个过程中，学生主动、专注、积极地学习理解基于学科大概念的核心知识，迁移应用解决问题并逐渐上升为科学观念，发展科学思维，形成科学探究的习惯，把握科学探究的要素和学科本质，成为既具独立性、批判性、创造性又有合作精神、基础扎实的优秀的学习者。

3. 实验探究激发学生学习动机，促进学习任务的落实

以必修2第四章第五节《验证机械能守恒》的学习任务设计为例。

【目标解读】

物理观念：掌握验证机械能守恒定律的实验原理和运用条件。

科学思维：依据守恒和整体化思想，分析物体的整个运动过程，明白动能和势能的能量转化关系，及机械能保持恒定。

实验探究：让学生经历一般验证性实验的探究思路、方法和过程，熟练进行实验操作，学会图像处理和分析数据并得出结论，对实验误差给出准确解释和改进措施。

科学态度与责任：在实验过程中团队合作共同完成验证实验，培养学生的实验兴趣，让学生在实验中形成严谨认真的科学实验态度，培养社会责任感。

【学习任务】

根据实验原理和目的提供可供选择的实验器材，学生依据已提供实验材料，选择实验器材，讨论实验方案，鼓励多样化。

辨析实验方案的异同和优劣之处，学会选择最优方案进行实验探究。

学会应用现代信息技术手段辅助实验探究，减少实验误差。

能够自主设计实验方案，完成实验探究全过程。

【任务设计】

创设情境，提出问题

以《愤怒的小鸟》游戏引入，提出问题：小鸟运动的过程中机械能是否守恒？此过程中，什么能量之间发生了转化？如何测量这两种能量，以验证机械能守恒？

设计过程，寻找证据

（1）器材齐，学生选

根据实验原理和目的提供可供选择的实验器材，如下表5–3，学生依据已提供实验材料，讨论实验方案，鼓励多样化。

表5-3

探究物理量	待测物理量	提供器材
动能	质量（m）	电子天平
	速度（v）	电火花打点计时器，光电门和计时器，光电门传感器
重力势能	质量（m）	电子天平
	高度（h）	刻度尺，位移传感器
弹性势能	位移（s）	刻度尺，位移传感器
	弹簧弹力（F）	弹簧测力计，力传感器
		其他辅助器材 气垫导轨和气源，铁架台，纸带，计算机，数据采集器，挡光片，滑块，重锤，小桶，细线，弹簧

（2）商方案，析不足

学生分小组讨论，方案一如图5-5（a）、（b），方案二如图5-5（c）、（d）。根据学生们设计的不同方案，教师首先肯定不同小组的方案各有特色，能充分利用现有器材设计实验，接着分析不足之处：两个方案均研究动能和重力势能在转化中所遵循的规律，可能考虑到数据处理较复杂，缺少探究动能和弹性势能的转化规律的方案；方案一中，高度和长度的测量容易出现较大误差；方案二中，纸带与计时器的摩擦和高度测量也存在较大误差，且与前面做过的《探究外力做功与动能变化的关系》装置有所重复。

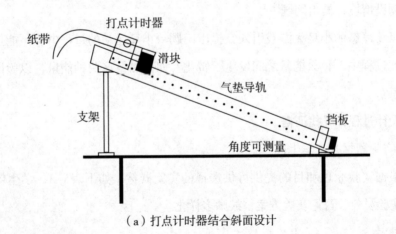

（a）打点计时器结合斜面设计

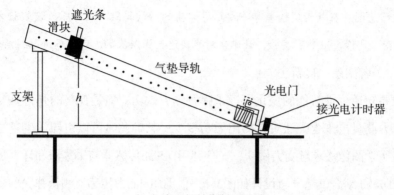

（b）光电门结合斜面设计

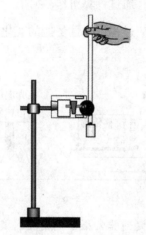

（c）打点计时器结合自由落体设计

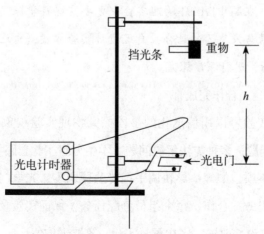

（d）光电门结合自由落体设计

图5-5

设计意图 在物理实验教学中要培养学生的科学思维，应注重改进实验方法，创设精密、严谨、准确的实验，让学生对事实进行深层次的思考，促进思维活动。

（3）解困惑，提新法

想要知道弹性势能的变化可以求弹簧弹力做功，但是弹簧的弹力是变力，即使把力测量出来也无法直接得出做功多少，教师此时可以引导学生复习本章第一节所学图像法求解变力做功，充分利用DISlab传感器与采集器和计算机相连记录，DISlab结合气垫导轨设计如图5-6，借助DISlab力传感器测得弹簧的弹力，位移传感器测得滑块的位移，通过计算机作F-s图，计算积分后获得面积值，即弹簧弹力做功值，也就是对应过程中弹性势能的变化，从而突破教学难点。

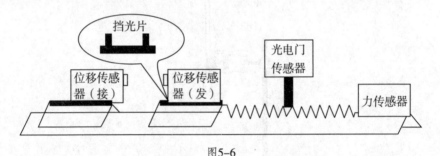

图5-6

设计意图 DISlab可捕捉到非常微小的变化，直观真实，学生通过观察和分析实验现象，发现物理规律，以此拓展学生思维，逐步构建物理观念，形成物理观念。同时，在高中DISlab物理实验中更要重视科学探究过程，如可以提示学生通过传感器与采集器的结合，自己设计实验方案，自己组装实验仪器进行数据采集与分析，进行深度探究。

（4）分组实验，合作完成

DISlab物理实验可以用信息化的手段探究物理实验现象，拓展学生的视野，多角度提出问题，多种方法解决问题。学生分组实验思路如图5-7，提示学生实验操作注意事项，如气垫导轨调平、传感器调零、光电门位置、弹簧弹性限度等。强调小组分工合作，每个组员分配任务，保证实验顺利平稳进行，遇到问题及时交流讨论并改进。多次重复实验，求取平均值。

实验操作界面如图5-8所示。

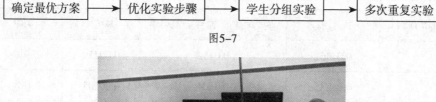

图5-7

图5-8

获取信息，处理信息

通过观察记录，对比弹力做功的值与动能变化值。通过F-s图的积分值获得面积值，从而获得弹力所做的功，结合光电门数据自动计算动能变化，得到实验数据采集实例（部分）如图5-9和表5-4所示。

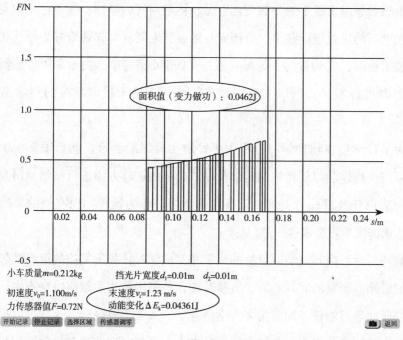

图5-9

表5-4

实验次数	动能变化/J	变力做功（弹性势能）/J	差值/J	误差
1	0.04361	0.0462	0.00259	5.9%
2	0.04035	0.0404	0.00005	0.10%
3	0.03953	0.0398	0.00027	0.60%
4	0.03814	0.0402	0.00207	5.4%
5	0.03757	0.0381	0.00053	1.4%

设计意图 实验数据显示的多样化以及准确性，有利于学生收集实验数据，并进行分析，解释和论证实验现象及结果。DISlab实验可以提升实验现象可视化程度，有利于抽象概念的定量分析，多角度对物理现象进行探究，有利于学生建立完整的物理图景，归纳总结物理规律，促进物理科学思维的形成。

回顾实验，明确科学态度与责任

回顾实验，学生在教师的引导下分析误差来源：①弹簧本身的抖动，会导致力传感器感应出微小的力的变化；②物体与空气的摩擦；③经过多次实验发现，光电门的位置应该在第二个挡光片通过光电门后，弹簧恰好为原长状态；④释放滑块时，实验者的手的影响等。在DISlab实验中，由于采用传感器与数据采集器进行实验，所以实验中误差很小，有助于培养学生的科学态度与责任。

为了让学生在物理学习过程中更好地实现深度学习，就必须要在学习目标的制定、具体学习任务的制定以及完成任务的策略方面进行精细地研究和整合。形成以任务目标为引领，以具体的学习任务为抓手，以有效的策略为保障，达成深度学习要求这一总目标。

此外，学习内容对学习目标的确定和完成学习任务所实施的策略都起着决定性的影响。研究的问题不同，所涉及的任务制定及相关策略也会不同。进行综合性研究学习的任务制定需要跨学科教学，加强学科融合，这样可以很好地培养学生的综合分析能力和解决问题的能力，真正实现从教学生解题到学生学会解决问题的转化。在学校开设综合实践课（或活动），教师只需创设学生发现问题的情境，引导学生从问题情境中选择自己要探究的课题，教师只需帮助学生寻找合适的学习方式和探究方式。教师很难给学生确定学习目标，而且即使有学习任务目标，也不唯一，是多样化、多维化、多层次化的。

举例说明：设计一次综合实践课，把学生带到学校的运动场，引导学生发现问题，提出研究课题。比如，百米跑怎样才能够取得更好的成绩？这个研究可能涉及物理学中的运动学、动力学以及生物学中能量供给、生理学等知识。对此研究的策略可能包含：查找资料、提出方案、实践验证、对比分析、得出结论、实践检验，等等。教师则指导学生这一系列活动的实施，并给学生提供一些支持。再如：如何设计看台可以实现最佳观看效果？写一篇论文。这个问题则涉及各科各类的知识：语文、体育、物理、化学、美术、生物、经济学、工艺设计，等等。这些问题没有统一的目标和实施的策略，但如果教师指导有效，对学生的能力培养是效果非常好的。这样的综合性学习就是让学生深度研究，深度体验，这是最好的深度学习。这个过程中需要教师的综合备课和联合教研，这样也对教师的专业素养提升起到很好的作用。

第二节　促进深度学习的
高中物理课堂引入策略

于漪老师说："课的第一锤要敲在学生的心灵上，激发起他们思维的火花，或像磁石一样把学生牢牢地吸引住。"学生要在课堂上进行积极的深度学习，课堂的引入尤其重要，优秀的课堂引入可以吸引学生的注意力，激发学生的积极思考，调动学生的求知欲和学习兴趣，对整节课起到至关重要的作用。

一、基于深度学习的高中物理课堂引入的意义

课堂引入，并不是课堂开始前浪费时间的几分钟，它是课堂中的必要环节。优秀的课堂引入，是符合教育学、心理学、生理学原理的，是提高课堂效率的举措。好的课堂教学，都包含了精心设计的课堂引入，不管是展示一小段实验，还是观看一段视频，或者是师生进行一小段富有哲理的课堂对话，都是有理论依据的。好的课堂引入在集中学生注意力、活跃课堂气氛、激发学习兴趣、启发学生思维等方面都具有重要的作用与意义。基于深度学习的高中物理课堂引入更要能引导学生进入积极的思维状态，把学生的思维更快地引入课堂主题思维中。

通过大量的课堂和案例研究，我们发现基于深度学习的高中课堂引入有以下作用和意义。

1. 具有先行组织者的作用

美国著名心理学家奥苏泊尔认为：要学习一种抽象的新领域的知识，最有效的学习方法是利用引导性材料，让学习者在引导性材料中进行类比、抽象、概括等，对新旧知识进行联系，使学生在新旧知识之间建立一道桥梁，使新知识的学习更加高效和深入。先行组织者的作用主要表现在：促进学生对相关知识的联想、使学生理解课堂新知识和已有知识间的联系、促进学生积极地学习、有助于学生建立新知识的理论。

例如，"电容器充放电"课堂引入时设计先行组织者：将日光灯电容器充电后放电，放电时学生会看到闪光，并听到滋滋的响声；把大型示教电流表接入电容器的充放电回路，观察电流大小和方向的变化。这个先行组织者材料，把平时学生很少看到的电容器的充放电展示在学生面前。放电现象神奇而又有趣，有助于学生积极思考课堂上的新知识，深度挖掘电容器充放电的本质。

2. 培养学生学习物理的兴趣

爱因斯坦有句名言："兴趣是最好的老师"。心理学研究也表明，人们对自己感兴趣的事物总是力求探索它，认识它。兴趣是一个人力求认识并趋向某种事物特有的意向，是个体主观能动性的一种体现。学习兴趣是学习的原始动力之一，学习兴趣与学习效率紧密相关，兴趣提高了，学习就有了动力，学习效率就会得到提高，自然学生学习的负担也得到减轻，学生的学习就会进入良性发展的轨道。

每节课的前几分钟，学生往往情绪高昂，精神健旺，如果教师能抓住这个有利时机，根据欲讲内容，做 些随于可做的实验，就能激发他们的学习兴趣，使学生注意力集中起来，更重要的是能引起学生浓厚的学习兴趣，激发学生强烈的求知欲望，把学生迅速带到学习物理的环境中去。

比如在讲"振幅"的概念时，可演示这样的实验：用钢丝把一个3千克重的铅球悬挂起来，把球拉开一个角度放在教师的鼻尖前放开，让学生观察球的摆动，当球摆向教师时，学生惊呼"躲开！"，但教师纹丝不动却安然无恙，球又摆回去了，学生觉得很惊奇。在这样的氛围下引入新课，可立即引起学生的学习兴趣，使学生迅速进入学习状态。又如在讲摩擦力这一知识时，可把两本书按如图5-10所示一页一页交错放着，让两个力气比较大的同学分别把这两本书拉开，开始的时候两位同学还小心翼翼，怕会把书撕破，后来用力越来越大，书却始终不能分开。同学们对此感到非常惊奇，纷纷议论，有一种刨根问底的强烈欲望。教师在此刻引入新课，可以有效地激发学生学习物理的兴趣，使一堂课有良好的开端。

图5-10

3. 拓展学生思维

科学思维是物理核心素养的重要组成部分。科学思维是指从物理学视角对客观事物的本质属性、内在规律及相互关系的认识方式，是基于经验事实建构理想模型的抽象概括过程；是分析综合、推理论证等科学思维方法的内化；是基于事实证据和科学推理对不同观点和结论提出质疑、批判，进而提出创造性见解的能力与品质。

朱熹曾说过："读书无疑者，须教有疑，有疑者，却要无疑，到这里方是长进。"《礼记·大学》有云："致知在格物，物格而后知至。"所以学习新的知识，就是发现问题、有疑问、去研究和思考，才能进步。物理学习对发展学生的逻辑思维、抽象思维、发散思维等具有重要的作用。在物理课堂教学中，课堂引入是整节课引导学生拓展思维的关键。

例如在讲机械运动时，老师可以讲述第二次世界大战飞行员伸手抓住子弹的故事来设疑引入新课，引导学生思考为什么高速运动的子弹可以被抓住；在讲解牛顿第二定律的应用时，可以以酒驾交通事故图片引入新课，引导学生思考为什么要严禁酒后驾车。这种引入新课的方法，其最大的特点是生动活泼、新奇有趣，有助于启发学生进行科学思维。

二、基于深度学习的高中物理课堂引入的原则

引入作为课堂教学的开始环节，是学生进入课堂学习的准备和过渡，为整个课堂服务。优秀的物理课堂引入没有固定的、一成不变的格式，但都会根据不同的教学内容、不同的文本、不同的教学情景来具体设计，尤其要切合学生实际，切忌千篇一律、敷衍了事。物理课堂引入的设计一般应遵循以下原则。

1. 注重引入的贴合性，避免脱离教学内容

设计课堂引入的目的是让学生有兴趣、有目的地进入本节课的主题学习，更好地引导学生进行更深入的学习。因此，引入环节是服务于整节课的，如果引入内容脱离实际，会使得引入内容与课堂教学内容连接不上，学生无法把引入和新知识联系起来，这样既浪费时间，又不利于顺利开展课堂教学。因此，教师在设计课堂引入时要注重引入的贴合性，课堂引入的内容要与课堂主题相关，保证引入设计有利于整节课的教学开展。

例如在讲时间和时刻时，可以设计以下情境引入：

2020年春节，在广州工作的小明用抢票软件于1月23日早上9点30分，用时2分钟成功抢到了一张从广州到老家湛江的火车票，下面是该列快车K1170的时刻表：

表5-5

站名	到达时间	开车时间	停车时间	硬座	硬卧下	软卧下
广州	18：53	19：08	15分	￥240	￥436	￥667
佛山	19：35	19：39	4分	￥240	￥436	￥667
肇庆	20：54	20：58	4分	￥251	￥456	￥694
茂名东	00：07	00：13	6分	￥268.5	￥487.5	￥752.5
湛江西	02：00	02：02	2分	￥298.5	￥562.5	￥856.5

则小明抢票用时2分钟表示的是_____；火车在广州停车15分钟表示的是_____；19：08从广州开车表示的是_____；下半夜02：00到达湛江西表示的是_____。

该情境引入和我们生活实际相联系，又与学习的内容时间和时刻相关，以填空的形式引导学生的思维，有利于学生对后面新知识的总结和归纳。

2. 注重引入的互动性，增强教师的主导作用

在设计引入环节时，教师不能一言堂，这样不利于调动学生的注意力，也不利于学生思维的拓展。根据新课标的要求，学生是课堂学习中的主体，教师要鼓励学生积极主动地参与到课堂的学习活动中，当课堂的主人。但是引入环节不同于后面新课主题的学习，引入环节不能让学生一开始就把内容带偏了，所以要增强教师的主导作用。在课堂的引入设计中，教师可以选择不同的方法对课堂引入进行控制，如情景控制引入、思维辨析控制引入、复习相关知识引入等。

例如，在讲牛顿第一定律的内容时，一开始就提出"我有两个观点：桌子不拖不走，车子不推不动，'力是产生物体运动的原因'（板书）；拉动的桌子放手就停，刚推动的车子松手就不动，'力是维持物体运动的原因'（板书）。你们赞成还是反对？"话音刚落，同学们就议论纷纷，积极发言，有的否定，有的肯定，摆事实，讲道理，互不相让。教师以此为开端，引导学生展开讨论，教师在学生思维辨析时进行控制，最后获得认识上的统一，得出正确的结论。这样的引入既可以调动学生的课堂积极性，教师又有很强的主导作用，有利于整节课学生思维的拓展，让学生更深入地思考有关牛顿第一定律的思想。

3. 注重引入的趣味性，避免学生失去兴趣

兴趣是最好的老师。课堂引入环节首先要做的就是激发学生的学习兴趣。教师可以通过设计学生感兴趣的内容来引入新课，以此调动学生的热情，让学生进入一个想学、想去研究的学习情境中，从而集中学生注意力，促使学生更加积极地进行物理知识的学习与探究。在引入设计中加入新奇的事件以吸引学生，是增强趣味性的策略之一。

例如讲胡克定律时，可以美国电影《越狱》的一个小情节引入：

美国连续剧《越狱》的情节中，Michael要通过地下管道爬到医务室的下面，但是一条重要通道是被封死的，因此必须要把这个封死的墙破坏掉，由于是混凝土结构，因此破坏起来很难，所以智慧的Michael选择了运用胡克定律。

Michael说："我们不需要大锤，我们只需要钻几个小洞。"Michael在墙体上找出几个突出的受力支撑点，在几个支撑点上打上几个小洞，破坏支撑，这样就可以在不用大锤的情况下，轻易地把墙破出可以穿过一个人的洞。

这段引入新奇而又充满智慧，可以激发学生的兴趣，从"为什么墙体上的几个突出点是墙体的受力支撑点"中去探究胡克定律，拓展思维，深刻认识到胡克定律在日常生活中处处存在。

4. 注重引入的简洁性，避免拖沓教学节奏

引入是课堂教学中的环节之一，是一节课的教学序幕，目的是引出教学内容，因此以精当为好。在设计物理课堂的引入时，教师要注重引入的简洁性，话语不宜太多，以三五句为宜，或趣味横生，或新奇引人思考，或简单明了，或具有启发性，尽量用最少的时间集中学生的注意力，要一语中的、一针见血，以保证接下来学生能保持兴趣、注意力快速集中、指向教学目标而取得良好的教学效果。

例如在讲加速度时，可以用轿车加速的简单情境进行引入：

在轿车家族中，国产轿车奇瑞A3，其百千米加速时间（一般指车辆从静止急加速到100km/h的时间）为7.9s，而克莱斯勒超级跑车，其百千米加速时间仅为2.9s，百千米加速时间是测试汽车性能的重要指标之一。奇瑞A3和克莱斯勒速度的改变量都是100km/h，但克莱斯勒超级跑车用时较短，速度改变要_____一些，加速度要_____一些，显然克莱斯勒超级跑车比奇瑞A3加速性能要好。

奇瑞A3   克莱斯勒

图5-11

此情境引入直接比较两辆轿车速度改变的快慢（加速度），既简单明了，又具有启发性，还兼顾了学生群体广泛的汽车爱好，可引发学生学习的兴趣。

三、基于深度学习的高中物理课堂引入的方法

课堂的引入没有固定的模式和方法，凡是有利于提高学生的注意力，有利于激发学生的学习兴趣，有利于拓展学生的思维的引入，都是优秀的引入。不同的课型和不同的教学内容，课堂引入的方法也不同，下面介绍一些有利于深度学习的高中物理课堂引入的方法。

1. 生活情景引入法

物理学习最终是为生活服务的，在我们日常生活中，存在很多与物理学习内容相关的生活现象，我们可以从身边的各种现象出发，挖掘和提炼与教学内容有关的材料用于课堂引入当中，这样既能激发学生的探究兴趣、求知欲望，还能将学习和生活相联系，解决生活中的各种难题，与新课标的要求是相符合的，对于学生的深度学习是有促进作用的。

例如我们在学习《牛顿第二定律的应用》时这样引入新课：

（出示三个滑梯，角度不同，如图5-12）

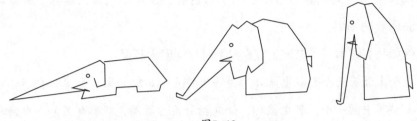

图5-12

师：想滑哪一个呢？

生：第三个最刺激。

师：为什么第三个最刺激呢？

生：速度更快。

师：为什么第三个速度会更快一些呢？我们可以运用学习过的牛顿第二定律的知识来解释这个问题。

评析：滑梯模型引入非常受学生欢迎，一下子引起学生的注意，抓住了学生的心，把学生的注意力从课外一下子引入课堂上来。滑梯模型和物理中常见的斜面模型一致，与牛顿第二定律的应用有很好的契合度，但不像斜面模型一样枯燥，而是学生日常生活中常见的而且喜欢的场景。滑梯模型使学生想到，角度不同，加速度不同，速度自然就不同，而且在受力分析上还可以复习正交分解的内容，体现了教师在设计引入时思维的深度、广度和思考能力。这样的情景引入对教学的辅助作用很大，可以激发学生学习的主动性，使他们有兴趣深入研究更多模型下的牛顿第二定律的应用。

2. 实验引入法

物理知识是建立在实验的基础上的，物理实验可以激发学生学习的兴趣，还可以提供平时生活中观察不到的奇特物理现象，使学生进一步理解和认识物理规律的本质。

以物理实验引入新课是物理老师在课堂上常用的方法，也被证明是非常实用、效果良好的方法。实验引入的作用是在学生和新的知识之间建立一个理想的情景桥梁，激发学生学习兴趣和探究新知识的欲望，使学生在已有经验和实验情景之间比较思考，明确学习目标，从而顺利进入新知识的学习状态，获取新的知识。

例如我们在学习《电磁感应现象》时这样引入新课：

桌子上放有两个灵敏电流计，用导线将它们串联起来（如图5-13所示）。轻微晃动其中的一个灵敏电流计，使其指针左右晃动，观察到另外一个静止在桌面上的灵敏电流计的指针也跟着晃动。

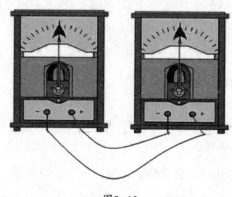

图5-13

师：同学们注意观察两个灵敏电流计的指针有没有动。

生：哇，另一个也动了？

师：另一个为什么会动呢？

生：桌子动了？有电流？没接电源怎么会有电流呢？

师：在没有电池的情况下，我们是不是也有其他的办法产生电流呢？今天我们就研究这个神秘的电流产生过程——电磁感应。

评析：有电源的情况下，接入灵敏电流计，电流表的指针会发生偏转，这是学生已有的知识和观念，本实验在没有电池的情况下也可以使另外的一个灵敏电流计的指针发生偏转，这与学生原有的知识发生冲突，学生会觉得新奇有趣，而且意外，好奇的心理驱使他们积极地思索，从而达到引入新课的目的。

3. 多媒体素材引入法

随着电子技术的发展，多媒体教学广泛应用于课堂之中，教师有效地把文字、声音、图像、动画等素材整合到教学之中，起到辅助教学的作用。网络上的素材越来越多，教师们利用和查找素材的途径越来越多，总是可以轻易找到既适合学生又适合教学内容的素材。动画模拟可以帮助学生快速突破难点内容，DIS实验可以把不容易演示的实验变得直观又易于观察，电脑处理实验数据又快又准，可以扩大课堂容量。

高中物理课堂引入，可以借助多媒体为学生提供丰富感性的材料，把抽象的概念具体化，具体的事物概念化，能多角度、全方位地提高学生的各种能力，刺激学生积极参与物理教学，增加信息量，拓展知识面，达到最佳教学效果。

例如我们在学习《反冲运动》时这样引入新课：

1. 播放火箭发射视频：6月23日消息，北斗三号最后一颗全球组网卫星在西昌卫星发射中心点火升空。这也意味着北斗三号卫星导航系统全球组网即将完成，服务范围覆盖全球。

2. 展示火箭发射过程中火箭状态的瞬时图片，如图5-14。

图5-14

师：火箭在上升的过程中，加速度很大，需要很大的推力，这个推力来自哪里呢？

生：火箭向后喷射出来的气体产生的反冲力。

师：对，我们把火箭的运动称为反冲运动，我们今天就研究这个运动。

评析：本课中教师运用多媒体素材引入新课，以北斗三号最后一颗卫星成功发射为背景，恰当利用多媒体的声、光、色、图的配合，加上精心设计的语言，营造了一个科学意境，使学生产生身临其境之感，引起了学生情感上的共鸣，同时组织学生思考火箭靠什么加速上升。这样，就把情、境、理熔于一炉，引导学生从物理的角度去关注、去思考，让他们从中学习一些科学精神，汲取一些物理文化，并受到爱国主义的教育，还能有效地开启学生思维的闸门，激发联想，激励探索，为一堂课的成功铺下基石。

4. 问题激疑引入法

苏霍姆林斯基曾说过，人的内心总是希望自己是一个发现者、研究者、探索者，而高中学生，更是处于探索和发现欲望最强的阶段。因此，物理教学更要为学生学习新的知识创设情境，让学生自主地去探索和发现，使学生获得物理知识的同时，在物理核心素养方面得到充分的发展，获得积极的情感体验，进而创造性地解决问题。所以在课堂中设计精彩的引入，巧设悬念，以疑激学，既可以有效地启发学生思维，又能引导学生思考，促进学生积极地学习。

例如我们在学习《力的分解》时这样引入新课：

让两个力气比较大的男生进行拔河比赛，在比赛输赢难分时，让一个女生在绳子中间往下轻轻一压（如图5-15所示箭头方向），就可以轻松地把两位男生往中间拉。

图5-15

师：三位同学的比赛中哪位同学赢得比赛了呢？

生：女生。

师：难道女生的力气比男生的大吗？

生：不是。

师：那女生为什么这么轻松地就把两位男生拉到中间了呢？我们今天学习的内容是力的分解，将帮大家解释这个疑问。

评析："不愤不启，不悱不发"（出自《论语·述而》）。拔河比赛女生竟然赢了男生，这是学生认知上的冲突，即"愤"，有了"愤"，才有"启"，学生因此去思考，去探索其中的缘由，整节课由此开端，有利于学生深入学习力的分解，探究在不同角度下分力与合力之间的大小关系。只有这样的激疑，才能有效地激发学生的求知欲。教师在平时课堂教学中可利用诸多的问题去诱发学生"愤""悱"，引入悬念，激发兴趣，学生自然会带着强烈的愿望去学习，整节课就会有事半功倍的效果。

5. 学生体验式引入法

美国体验学习专家大卫·库伯（David A.Kolb）认为，学习应该是具体体验、反思观察、抽象概括与行动应用所组成的完整过程。学习要通过自身参与并感受和感觉来获取知识，体验是创造知识的过程，是知识向个人转化的桥梁。学生通过自身的体验学习，可以增加经验，激发兴趣，激活思维，并调动各种感官进行感知，改善心智模式，进行学习构建。体验式的教学引入可发挥学生的主体作用，对学生自主学习、自主探究起促进作用，也有利于学生将知识与体验、感觉进行深度比较，更容易对物理知识进行正确的理解。

例如我们在学习《自感现象》时这样引入新课：

让学生做如图5-16所示的实验：在闭合K_1，断开K_2的情况下，先让学生两手分别握住裸导线A、B两端，问学生对6V的电压是否有感觉；然后闭合K_2，问学生有什么感觉。在断开K_1的瞬间，学生突然有强烈的触电感觉，说明A、B间有较高的电压存在，从而引入自感现象。

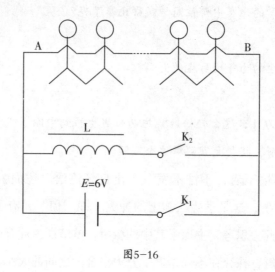

图5-16

评析：很多人可能一辈子都没碰到过6V的电源可以使人有触电的感觉，这个感觉奇妙而又神奇，一千个人眼中有一千个哈姆雷特，个体的体验是他人无法代替的。只有亲自参与的体验，才是最深刻、最鲜活，也是最有感触的。显然，这样引入新课是最成功的，学生可能永远记住了6V的电源经过自感后可以产生更高的电压。

6. 诗词典故引入

中国，五千多年的文明古国，创造出璀璨的中华文化，如独具特色的语言文字、浩如烟海的文化典籍、嘉惠世界的科技工艺、精彩纷呈的文学艺术、充满智慧的哲学思想。这些都是人们在日常生活中总结和锤炼出来的，有很多内容都跟物理知识息息相关。许多优美的诗词是对生活和自然现象的生动描述，也与物理知识紧密联系。比如"两岸青山相对出，孤帆一片日边来"说明运动和静止是相对的；"水皆缥碧，千丈见底。游鱼细石，直视无碍"对应光的折射；"花气袭人知骤暖"对应分子热运动快慢与温度有关；"忽如一夜春风来，千树万树梨花开"对应水蒸气凝华。

以诗词典故引入新课，既可让学生感受中华文明，激发学生的爱国热情，在情感上得到升华，又能激发学生的学习兴趣，学到物理知识。

例如我们在学习《认识运动》时这样引入新课：

"刻舟求剑"说的是楚国有人坐船渡河时，不慎把剑掉入河中，他在舟上刻下记号，说："这是我把剑掉下的地方。"当舟停驶时，他才沿着记号跳入河中找剑，遍寻不获。

从物理角度讲，求剑者之所以捞不到剑，是因为错选了_____为参考系。

图5-17

评析： "刻舟求剑"是学生非常熟悉的典故，以这个典故引入新课，可以让学生深刻理解参考系在运动的描述中的作用，也让学生体会到我国自古以来就对参考系有所研究。因为这一节是高中物理真正的第一节内容，用"刻舟求剑"的典故引入新课，更让学生体会到物理的学习也是有趣的，而不是枯燥无味的，有信心把高中物理学好。

四、基于深度学习的高中物理课堂引入的设计流程

高中物理深度学习的课堂引入设计流程分为分析、设计和评价三大部分。分析过程是对学习兴趣和需求的分析，对课程标准、教材、学习内容及学习者特征的分析，进而形成能激发学生学习兴趣、对教学内容又具引导性的课堂引入需求；设计过程包含对课堂引入目标的设计、对引入内容的设计、对引入模式和方法的设计、对引入语言的设计；评价过程则通过形成性评价和过程性评价等实现持续性评价。

基于深度学习的高中物理课堂引入设计流程如图5-18所示。

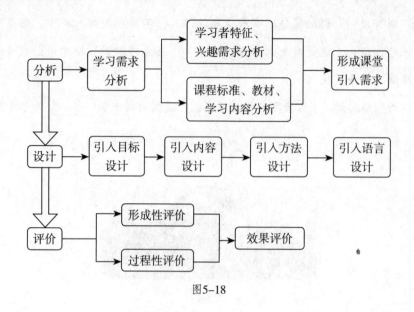

图5-18

案例分析：《电场》课堂引入设计画"风"

分析：

1. 电场是高二学生第一次接触到的抽象事物，电场的特性跟有质量的物体的特性又有区别，学生在理解上有一定的难度，而且电场是高中电学知识的重点内容，也是学生必须突破的一个难点。

2. 学生对未知的事物、抽象的事物有一定的探究欲望，画画是很多高中学生的业余爱好，设计画"风"的活动可以把学生注意力很快集中到课堂上来，而且学生兴趣也高。

设计：

1. 目标：通过画"风"，让学生体会如何抽象事物，从而通过类比的方法为学习电场线做好铺垫。

2. 内容：画"风"。

3. 方法：学生活动。

4. 语言设计：

师：风虽看不见，但是能感受得到，请同学们画一幅画来表示"风"。

学生活动：画"风"。有些同学用树叶表示，有些同学用线条表示，形式多种多样。

师：同学们画了好多"风"，画旗的，画树枝的，画人的，画线条的，等等，都可以表示"风"，抽象的"风"被我们用具体的事物表现出来了。今天我们将学习一种抽象的事物：电场，同学们也可以用类似的方法把电场表示出来。

评价：

1. 画"风"活动让学生才艺得到完全的展示，体会到了课堂的愉悦，有利于整节课保持高昂的情绪。

2. 学生学会了表达抽象事物的方法，学生的思维得到拓展，这种方法和思维可以贯串于整节课的课堂教学当中。试探电荷可以类比于风中的树叶，试探电荷可以感受到电场的存在类比于树叶可以感受到风的存在；电场线不是真实存在的类比于表示风的线条也不是真实存在的。

3. 高中物理学习中有很多抽象的概念，如磁场、电功等，学生可以从中得到物理学习的灵感。

第三节　促进深度学习的高中物理
情境教学课堂组织策略

学科核心素养课程标准对学生素质提出了比较高的要求，如何让学生通过深度学习去达到这些要求，如何通过情境教学策略去促进学生深度学习，这给一线教师提出了一个难题。

一、物理深度学习情境的创设

学生在高中物理深度学习中存在哪些问题呢？高中物理知识是建立在实验基础上的，学生通过实验操作获取知识，对知识的掌握是比较牢固的。但往往由于条件的限制，不少实验教学停留在讲实验理论、做实验题目而缺乏实验操作阶段，导致不少学生不能深度学习，对实验产生畏惧感。高中物理知识的理论性、逻辑性、抽象性都很强，知识结构严谨，解决一个问题往往需要综合运用到很多方面的知识点。学生往往对物理现象、物理过程、物理模型所描述的情境缺乏综合理解能力，导致不能很好地分析解决问题。教师需要特别注重情境的创设，引导学生体验建构知识的过程。

建构主义学习理论认为，学生通过学习活动获得知识的过程应该是在一定的真实情境或模拟情境中，通过同学之间的交流、探讨与合作，通过教师的正确引导和帮助，逐步完成知识建构。

教学情境是指学习过程中的真实或模拟的情境，其对学生的知识建构是有帮助和促进作用的。

（一）课堂教学情境创设应该遵循的原则

1. 目标性原则

不是每一节课我们都需要创设教学情境，是否要创设教学情境需根据教学内容、学生特点和知识掌握情况来决定。创设教学情境的目标是让学生在设置的情境中更好地掌握知识，深度学习，体现学生的学习主体性，使学生的个人能力得到提升。

2. 真实性原则

建构主义学习理论要求教学情境应该是尽可能存在的真实情境，教学情境素材应来源于生活。学生由于有一定的生活经验，真实生活情境和教学内容相结合，往往有很强的说服力。真实的情境不一定是生活中学生能看到的情境，有时候，有些情境我们是很难看到的，如粒子在电场或磁场中运动。我们可以借助计算机技术手段虚拟情境，这样的情境是真实世界的反映，而不是纯粹虚构出来的。

3. 合作性原则

深度学习要求学生有科学探究能力，在探究中会和他人协作、交流和讨论，学生小组成员之间能互相分享自己的看法和见解。我们创设的教学情境应该有利于学生小组成员之间的交流合作，如实验教学情境中，一个学生很难单独去完成一个实验的全过程，这就需要小组成员密切配合，互相交流看法，共同克服困难，这样才能比较顺利地完成任务。

创设的情境要有合作性，这可以锻炼学生与他人合作交往的深度学习能力，也让我们的教学目标更容易完成。

4. 趣味性原则

教学情境创设得不好往往就会变得复杂和枯燥，学生执行起来就会有困难，这样就不利于调动学生学习的主动性和兴趣。大部分中学生都有比较强烈的求知欲望，希望能展示自己的才能。考虑到学生的特点，我们创设的情境要有趣味性，能吸引学生的注意力，引起学生的兴趣。如在高中物理平抛运动教学中，我们可以创设两个活动情境——投飞镖和投小球，活动能够吸引学生，使其积极参加，然后我们引导学生在参与活动过程中观察看到的现象并思考原因，为我们接下来的教学打下基础。

5. 启发性原则

我们创设的教学情境应不仅能帮助和引导学生学习，而且要对学生学习有启发。学生在完成情境学习后能思考在学习过程中领悟到什么思想方法，得到什么启发，如学生在实验情境教学中领悟到科学探究的严谨性及与他人合作交流的重要性。在利用物理学史创设的教学情境中，科学家坚持真理、坚持不懈的精神会让学生深受启发。培养学生的科学态度和社会责任感是核心素养教学的一个重要目标。

情境教学可以通过创设真实情境或虚拟情境让学生主动去探究学习；情境教学能把由于条件限制难以完成的实验、复杂抽象的概念和理论、复杂物理过程等以生动的场景展示出来；情境教学以其形象性可让学生更好地掌握知识，从而慢慢地形成抽象思维，促进学生深度学习能力的提升。

（二）常见情境教学策略

1. 演示实验情境教学

一些物理现象知识只凭老师的讲解是不够的，即使老师认为讲解很透彻，但学生由于缺乏真实体验，理解是不够深入的。我们可以根据教学内容找来相应实物创设情境，让学生去感受。如讲解"力的分解"这一知识点时，在向学生讲述重物悬挂在支架上（如图5-19），重物的重力产生的作用以及如何分解时，我们都会告诉学生重力的一个效果是斜向下拉长斜杆，一个效果是压着横杆。但学生没有真实体验，感受不到这些分力效果。

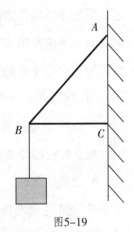

图5-19

如果我们让学生寻找实物去进行体验（如图5-20），学生自然体验到重力所产生的这两种效果，对知识的理解就更深入了。

图5-20

2. 利用软件创设虚拟教学情境

由于条件的限制，很多物理现象、物理过程是很难在课堂上演示给学生看的，如何让学生直观地去观察难以演示的现象、过程，帮助学生建构物理模型呢？我们可以借助软件来创设情境。

仿真物理实验室这个软件易学易用，我们可以根据教学内容很方便地创设情境。以"物体在圆形轨道上做圆周运动的临界条件"的教学为例，在课堂上我们如果想找实物和圆形轨道，并让实物以不同速度滑进圆形轨道来分析临界条件是比较困难的，很多时候都是老师在黑板上画静态的图，然后让学生思考分析，这对基础较薄弱的学生是比较困难的。如果我们借助仿真实验平台（如图5-21），就可以动态演示小球以不同速度滑进圆形轨道时的运动情况以及受力情况，生动直观的情境演示容易让学生发现小球能经过圆形轨道最高点的临界条件是向心力只由重力来提供。

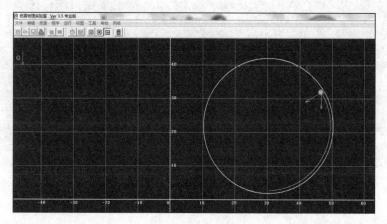

图5-21

再以"带电粒子在电场和磁场中运动"的教学为例，我们在讲解这类带电粒子在复合场中运动的题目时，往往都会要求学生把带电粒子在复合场中的运动路线画出来，这样题目就比较容易解决了。而画运动路线正是很多学生解决这类问题最头疼的地方，由于学生没有建构出带电粒子在复合场中运动的模型，故不能准确地画出路线而找不到解决问题的方法。我们可以利用仿真实验平台（按照题目要求设定好）生动地演示带电粒子在复合场中的运动路线和受力情况（如图5-22），帮助学生把复杂抽象的问题形象地展示出来，学生可以由此去深度研究带电粒子如何运动，为什么这样运动，进一步思考自己为什么当初解决不了问题，错在哪里，由此提高学生的分析能力。

除了仿真物理实验平台之外，我们还可以利用其他软件如几何画板进行教学辅助，这将能提高学生建构物理模型的能力。

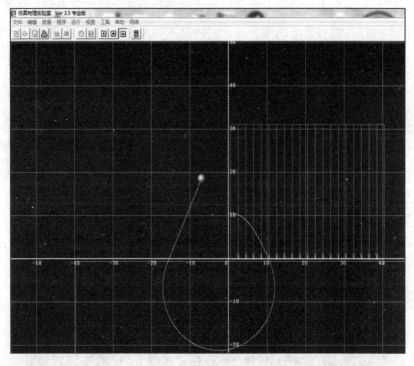

图5-22

3. 创设活动情境，促进深度学习

课堂教学不应该只有老师的讲解，而应该更多让学生通过活动实践去获得知识，并在活动中形成科学态度与责任感。

物理教科书里面包含了丰富的物理学史内容，许多物理知识都是由科学家经不懈努力而得来的。科学家的奉献精神以及社会责任感正是学生所要学习的。我们在教学中可以组织学生活动，例如在讲述"自由落体运动"和"牛顿第一定律"时，可以组织一个辩论活动，一部分同学代表亚里士多德的支持者，一部分同学代表伽利略的支持者。双方围绕着"物体下落谁快谁慢"以及"物体运动是否需要力来维持"展开辩论，各自列举事实，证明自己的观点。辩论活动需要发挥团队的力量，能培养学生团队协作能力，也能培养学生严谨的科学思维和态度。

图5-23

4. 创设实验情境，通过探究活动促进深度学习

物理知识源于物理实验，深度学习要求学生能够通过探究活动去分析推理问题从而获得知识。课堂教学中老师不能只讲理论，而要通过创设实验情境，让学生主动去探究。

以"探究金属电阻率"为例，我们不需要事先告诉学生最终的实验结论，

而是让学生分小组进行探究。小组成员各自提出自己的猜想然后讨论实验方案，制定实验方案时组员要互相讨论，如怎样比较准确地测出金属的电阻呢？是用外接法还是内接法或者其他方法？实验数据如何处理？是画图像还是直接计算？实验误差来自哪里？是仪表问题还是实验方法？这些问题都需要学生探讨。

真实的实验情境探究不仅能促进学生的深度学习，也能进一步培养学生严谨的科学态度。

5. 利用生活素材创设情境

物理知识源于生活现象，我们根据教学内容可以在生活中找到相应的素材创设教学情境，学生由于有生活经验，对所学知识就不会感到陌生。以"离心运动"的教学为例，我们可以先让学生想想日常生活中有哪些属于离心运动的现象。课堂气氛往往很快活跃起来，学生会举出很多他们熟悉的例子，如下雨天转动雨伞后雨水甩出去，洗衣机洗完衣服后脱水，等等。老师可以其中的汽车拐弯太快滑出路面为例（这个生活现象也是学生很熟悉的），引导学生思考这种现象在什么情况下会发生，让那些有这样经历的学生回答一下，从而引导学生用学过的向心力知识去分析现象产生的原因。

生活情境是建立在学生已有的生活经验基础上的，它可以促进学生关注生活中遇到的物理现象，也可引导学生深度学习生活现象包含的物理知识和原理。

6. 利用物理学史创设教学情境

物理学科的发展离不开物理学家的前仆后继和不懈努力。我们讲述一节新课前可以先让学生去搜集这节课所涉及的物理学家的事迹资料，引入新课时我们就可以利用物理学家的研究故事作为教学情境。如"自由落体运动"这一节主要涉及两位科学家——亚里士多德和伽利略，让学生先去搜集他们的故事，如比萨斜塔两个铁球同时着地的故事，引导学生思考故事反映了什么科学事实，学生容易回答出物体下落快慢与物体的重量是没有关系的，再引导学生思考这体现了伽利略什么样的科学家品格，学生会回答出不畏惧权威、坚持真理等。

还有很多物理学史可以作为情境教学的素材，物理学史情境教学可以让学生知道将要学习的知识来源，也可以让学生体会物理学家们坚持真理、不信奉权威、谦虚勤奋等科学精神，从而培养学生的科学态度和社会责任感。

综上所述，促进学生深度学习的情境教学策略方法是多种多样的。我们要根据实际教学内容采取合适的情境教学策略，激发学生学习潜力和学习兴趣，进一步提高教学效率和教学质量。

（三）不同情境创设策略的案例分析

1. "探究平抛运动的规律"课堂教学活动情境创设

"平抛运动"是高中第一个要具体学习的典型的曲线运动，是后面学习其他内容（如电子在电场中的偏转）的基础。由于学生熟悉直线运动，而对于曲线运动就不太熟悉，因此我们通过创设活动情境，先让学生对平抛运动的特点有初步认识和了解，进而促进学生深度学习平抛运动的规律。

活动情境设计：在课室墙壁的适当高度挂一个飞镖的镖盘，然后在离墙壁一定距离的地上画好线并摆放若干飞镖；在课室另外一个地方摆放小桶，然后在小桶前面一定距离也画上线并摆放若干小球。为了提高学生参与活动的积极性，还可以设置奖品，并说明评分规则。

学习活动过程：让参与活动的学生分成两组，一组学生参与投飞镖，一组学生参与投小球。每组各安排两个学生，负责记录学生活动情况，如是否投中，投得太远了还是太近了，等等。

表5-6

投飞镖	投小球

活动评价：活动具有趣味性，因此学生的参与积极性很高，有的同学投掷飞镖成绩高，接近靶心；有的同学则投得比较偏，甚至没投中靶；有的同学把小球投进了小桶；有的投得太远了或投得太近了。请那些投中的同学或没投中的同学说说原因，有的学生说："扔小球时，力气不敢太大，结果小球扔得不远没进桶里。"有的学生说："投飞镖时对准了靶心投结果还是没中，掉到下面去了。"启发学生思考怎样投掷才可以取得好的成绩。

利用学生喜欢参与活动的特点设置投飞镖和投小球两个活动，飞镖和小球的运动都属于平抛运动。学生通过具体的情境活动对平抛运动特点有了初步的认识，如小球投的速度太快会投远了而速度太慢又会太近，飞镖需要高过靶心位置投才可以，等等。学生有了初步的体验，为进一步深度学习平抛运动的规律打下了基础。

2."带电粒子在电场中的偏转"仿真实验情境创设案例

关于"带电粒子在电场中的偏转"，我们老师很多时候是结合平抛运动来进行教学的，通过分析带电粒子受力情况、初速度和电场情况等得出运动的规律。由于带电粒子在电场中的偏转实验很难完成，教学缺乏实验的情境依托，没有生活体验，学习只停留在老师或课本上画的静态图像，学生真正理解会遇到困难。仿真实验室这个软件平台的优点是能把生活中不常见的现象或实验室由于缺乏器材而难以完成的实验通过虚拟的手段形象地展示出来。

如图5-24，实验演示两个初速度、质量相同而电荷量不同的粒子从同一位置射入电场，让学生观察它们的运动情况。仿真实验软件平台具有频闪照片功能，能显示同一时刻两个粒子的位置。学生很容易看出特点，即电荷量大的粒子先离开电场，同一时刻它们的水平位移相同等。让学生思考为什么电荷量大的粒子先离开电场，是什么导致的，水平位移相同又说明什么，引导学生进行深度学习。

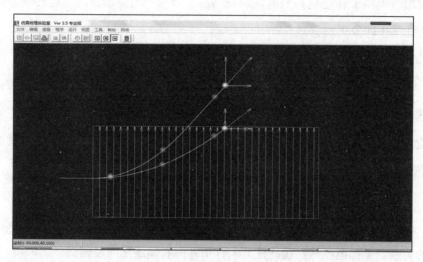

图5-24

又如图5-25，实验演示两个电荷量、质量相同而初速度不同的粒子射入电场，让学生据频闪照片观察特点。

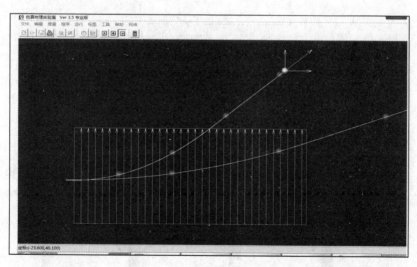

图5-25

评价：仿真实验室软件平台能形象把实验现象展示出来，学生容易观察出特点，有了情境的依托学生便能进一步深度学习其中的规律。比起单纯从理论分析和抽象语言角度去教学，学生的学习效果要好一些。仿真实验室平台还可以模拟带电粒子在磁场甚至电场和磁场的复合场中的运动情况，这样创设的情境能让学生印象更加深刻。

3. "楞次定律"实验情境创设案例

楞次定律是判断电磁感应现象中感应电流方向的一条重要定律，只看文字叙述，内容比较抽象，学生也比较难理解。我们可以设置实验情境，让学生分组实验，进行探究活动，从中找到规律，学生对知识的掌握会更加牢固。我们准备好相应的实验器材，指导学生制定实验计划和方案，举例如下。

（1）电流表指针偏转方向与电流方向的关系

按图5-26连接电路，闭合开关，记录下电流表G中电流方向与指针偏转方向的关系。（如电流从左接线柱流入，指针向右偏还是向左偏？）

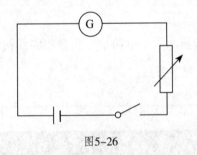

图5-26

结论：右进右偏，左进左偏。

（2）磁铁运动方向与感应电流方向的关系

如图5-27，把条形磁铁N极（或S极）向下插入线圈中，然后从线圈中拔出，每次记下电流表中指针偏转方向，然后根据（1）结论，判断感应电流方向，从而确定感应电流的磁场方向。

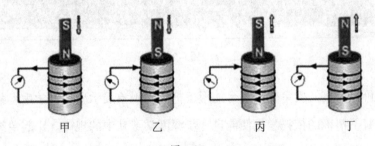

图5-27

把实验现象记录在下面的表格中。

表5-7

磁铁运动情况	N极下插	N极上拔	S极下插	S极上拔
磁铁产生磁场方向				
线圈磁通量变化				
感应电流磁场方向				

通过上面的实验，引导学生发现并解决问题：

① 当磁铁移近或插入线圈时，线圈中感应电流的磁场方向与原磁场方向_____；当磁铁离开线圈或从线圈中拔出时，线圈中感应电流的磁场方向与原磁场方向_____。

② 当穿过线圈的磁通量增加时，感应电流的磁场方向与原磁场方向_____；当穿过线圈的磁通量减少时，感应电流的磁场方向与原磁场方向_____。

③ 当穿过线圈的磁通量增加时，感应电流的磁场阻碍磁通量_____；当穿过线圈的磁通量减少时，感应电流的磁场阻碍磁通量_____。

归纳结论：_____

评价：学生在小组实验过程中需要交流、讨论、思考、分工、总结，最后总结出结论。学生通过实验情境可以加深对知识的认识和理解，同时学会与他人合作交流的方法，体会科学探究实验需要有严谨的科学态度。

4."生活中的圆周运动"日常生活情境创设案例

生活中到处都有物理现象，随处都可以找到素材。我们在讲述"生活中的圆周运动"时，可以提出问题"同学们在生活中看见过或体验过哪些圆周运动现象呢？"课堂气氛往往很快活跃起来，有的学生会说课室的电风扇的转动，有的学生会说游乐场里的旋转木马、旋转飞椅、过山车，有的学生会说骑自行车经过公园的拱形桥，等等。学生对生活中的圆周运动现象是很熟悉的，我们可以创设两个教学情境：一个是过山车；一个是旋转飞椅，询问学生坐过山车和旋转飞椅时有什么感觉，运动情况是怎样的。学生会纷纷表达自己的感受体验，然后教师进一步引导学生把过山车和旋转飞椅的运动转化为相应的圆周运动模型并进行受力分析，得出向心力来源。

表5-8

过山车	旋转飞椅
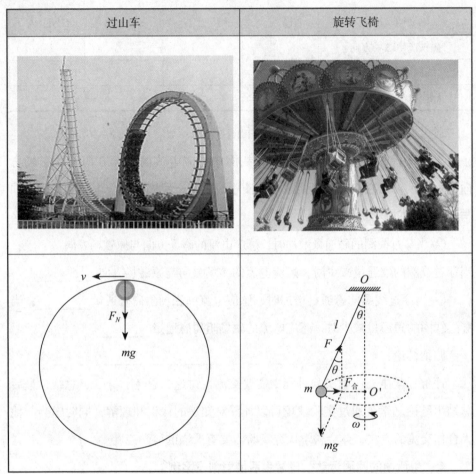	

评价：利用学生感兴趣的生活素材创设教学情境，容易激发学生兴趣，调动学生学习积极性，引导学生关注生活中的物理现象，进而思考如何把生活情境转换为物理模型，学会建模的科学思维方法。

5."电磁感应现象"物理学史情境创设案例

电磁感应现象是发电机发电的原理，人类能够大规模用电，电磁感应原理功不可没，而电磁感应现象是经历了很多物理学家的努力才最终被发现的。它的发现过程包含了很多科学道理，还有物理学家的科学精神。

在上课前，我们先让学生搜集一下本节课的主要人物：奥斯特、科拉顿、法拉第的研究故事，然后上课时让学生讲述。例如有些学生说，奥斯特在接通电源时，发现小磁针微微动了一下，这一细节现象使奥斯特又惊又喜，他紧紧抓住这一现象，连续进行了3个月的实验研究，从而得出电流能产生磁场的结论。有些学生说，科拉顿在研究磁生电时本来可以发现电磁感应现象，却因为实验时跑来跑去而错失了"良机"。有些学生说，法拉第是从奥斯特的发现得到启发，进而思考"由电能生磁，是否磁也能生电"的。法拉第经过了长达数十年的艰苦探索，才在一次实验中偶然发现了闭合开关一瞬间，电流表指针晃动了一下，然后多次研究才得出了电磁感应现象的原理。

学生叙述完后，老师可以问："同学们想一想，奥斯特和法拉第都是怎样发现新现象的？"学生经过思考回答："都是偶然间抓住细节现象。"老师由此启发学生："对，实验时要留心观察，注意细节现象，这些细节现象是稍纵即逝的，成功往往就在于此，许多伟大的发现都是科学家注意细节而来的。"学生听了会说："科拉顿就是因为在实验室之间跑来跑去，没有注意细节而失去了发现的机会的。"老师再问："我们从法拉第身上学到了什么？"学生会回答："坚持不懈，不怕失败。他经过数十年研究才发现电磁感应原理，其间一定失败了许多次，但他并没有放弃。"

评价：物理学史情境教学可以引导学生学习物理学家们坚持真理、以科学实验事实为依据、不盲目信奉权威、不怕失败的崇高品质及严谨的科学态度。

二、物理深度学习课堂的组织

高中物理课程标准在课程基本理念中指出：高中物理应促进学生自主学习，让学生积极参与、乐于探究、勇于实验、勤于思考。通过多样化的教学方式，帮助学生学习物理知识与技能，培养其学科探究能力，使其逐步形成科学态度与科学精神。新课程理念强调在高中物理的教学过程中要改变那种教师机械灌输、学生被动接受的教学方式，改变那种学生学习死记硬背、机械训练的现状，取而代之以多样化的教学方式。这个课堂学习过程就是进行深度学习的过程。

1. 小组合作的学习方式促进深度学习

在高中物理教学的过程中，小组合作学习的方式是一种新课程理念下行之有效的重要方式之一。在物理课堂教学中如何有效地开展小组合作学习，使小组合作学习趋于理性、富有成效呢？首先应解决好以下几个问题。

（1）教师要树立生生互动观

合作学习理论认为，教学过程是一个信息互动的过程。从现代教育信息论的角度来看，教学中的互动方式大致呈现为四种类型：一是单向型，视教学为教师把信息传递给学生的过程，教师是信息发出者，学生是信息接收者；二是双向型，视教学为师生之间相互作用获得信息的过程，强调双边互动，及时反馈；三是多向型，视教学为师生之间、生生之间相互作用的过程，强调多边互动，共同掌握知识；四是成员型，视教学为师生平等参与和互动的过程，强调教师作为小组中的普通一员与其他成员共同活动，不再充当唯一的信息源。合作学习理论认为，教学是一种人际交往，是一种信息互动，其间必然涉及上述四种信息互动过程和模式，缺一不可。从目前世界各国的合作学习实践来看，合作学习还是把互动的中心更多地聚焦在了生生之间关系的拓展上，因为合作学习是当前教学实践中常常被人们忽视的一个重要领域。

例1：某位教师在上公开课"物质是由大量分子组成的"时，在引入课题时让学生分组合作先一起来研究这样一个问题。提供下列器材：菜籽若干、一个10mL量筒、一把塑料尺、一段铁丝，并提出问题"怎样测出菜籽直径，请提出多种方案"，同时说明以下几点：

① 测量的方案可以是近似的。

② 提供的器材供选用，可用可不用。

③ 每小组只研究讨论测量的方案，不必测出结果。

④ 每小组自定一个组长，将测量的方案列出。

⑤ 比一比，看哪一组的方案既好又多。

上课的教师将全班54位学生按6人一组分成9个探究小组，每组都有男生和女生、物理学习较好的和有一定困难的、性格外向的和性格内向的，其目的是形成一种互补。由于教师对每组都提出了明确的目标,有了明确的要求,学生在分组讨论时非常热烈、认真,很多学生跃跃欲试,大多学生都发表了自己的观点,课堂上形成了浓厚的积极探究的气氛,小组之间形成了积极的竞争氛围。一些基础较差的学生也通过小组合作感受到了成功的快乐,感受到了合作的愉悦。

例2:某位教师在上一节"楞次定律"公开课时,采用小组合作学习方式,把书本上的演示实验改成随堂的学生分组实验,让学生亲自动手去探究,通过小组合作的形式,共同探究判断感应电流方向遵循的规律。由于上课的教师没有做好前期的引入教学和组织工作,实验室里看似很热闹,但真正能动手研究的学生并不多,大多数学生看着实验器材不知所措,有些小组甚至在互相嬉闹,小组汇报时也只是几个学习成绩比较好的学生回答老师的提问。应该说这位教师的设想是好的,但如果教师在学生合作探究之前不进行有意识的引导,科学家用了大量时间才探究得到的结果,我们的学生怎么可能在一堂课就探究出来呢?试想,在这样的课堂里,学生能学到什么?体验到什么?生生、师生之间互动合作进行到了什么程度?

在合作学习中,教师要充当"管理者""促进者""咨询者""顾问"和"参与者"等多种角色,旨在促进整个教学过程的发展,使学生与新知之间的矛盾得到解决。教师不再把自己视作工作者,而是合作者。因为如果教师把自己看作工作者的话,他就会把学生看作工作的对象,予以机械刺激。在合作学习中,教师与学生之间原有的"权威–服从"关系逐渐变成了"指导–参与"的关系。

(2)应选取合适的物理内容进行合作学习

小组合作学习是新课程理念下的一种教学方式之一,并不适合所有的物理教学内容,并非所有的物理教学内容都需要用或都必须用合作学习来完成,要防止合作学习的泛化论。

众所周知,课堂教学中各学科的教学目标设计和内容均不相同,即便是同一学科,不同章节的教学目标设计和内容形式的组织也是不同的。合作学习的目的在于使每个学生尽可能地参与到学习活动中来。因此合作学习选取的内容要具有一定的趣味性、合作性，具有一定的深度、可评估性等特点。如有的教师在上"电阻定律——电阻率""电磁感应现象""楞次定律——感应电流的方向"时，采用小组合作学习的方式让每个学习小组自主探究学习。选择这些内容进行合作学习都是很恰当的。选取合适的内容可以使每个学生都投入学习活动中去，解决具体问题，实现有效的发展。

在物理课堂教学中，教师为了提高学生学习的兴趣，往往会想办法让学生动手实践和自主探索，给学生提供充足的感性体验。但是，如果安排每个学生独立完成比较多的实验，获取每一个数据，课堂教学的时间显然不够，这时如果采取小组合作学习的方法就是一个很好的选择。小组合作既保证了教学任务的完成，大大提高了教学效率，又让学生真正体会到合作的意义。

例3：在一节高三物理复习实验课"测定电源的电动势和内阻"中，教师将学生带到实验室，给每一实验小组提供了多种实验器材，让学生分组合作探索测定电源的电动势和内阻的方法，要求每组根据闭合电路的欧姆定律，想出多种测定方法。每个小组结合桌上的实验器材，都想出了多种实验方法。接下去的环节就是利用实验器材进行测定。由于多种方法要逐个进行研究需要很长时间，一节课的时间无法完成上述任务，此时就以小组为单位，分别有重点地落实其中的某两种方法，讲明20分钟后派出代表进行交流，于是各个小组借助桌上已有的实验器材，一试身手，学生在实验中获得感知，再进行分析、比较、概括、归纳，进行思维加工，学生都积极参与课堂教学，取得了较好的教学效果。小组合作的过程，也培养了学生实验操作动手能力、科学设想能力，真正发挥了物理学科小组学习的功效。

（3）合作学习小组的目标必须具体明确

合作学习是有着明确目标和分工的学习活动。在小组合作学习的过程中，教师首先要设计好总体方案，让学生有目标地进行合作学习。教师应将合作学习的总目标分配到各个合作学习小组，各个小组的成员为了完成组内目标，必须有明确的分工。如果目标不够明确，分工不落实，必将导致合作学习费时、费力，难见成效。事实上，在合作学习实践中，有不少教师往往只注重有没有进行合作学习，而对合作学习的具体实施过程没有进行充分的考虑，较少关心或指导合作学习小组具体目标的实施过程，小组成员的任务分工则更少过问，以至于合作学习的目标不能达成，合作学习的实效性很差。

小组合作学习确实为学生提供了不少参与的机会，但在日常的操作中，往往优秀生参与的机会更多，他们常常以小老师的角色出现在小组中，若长期让少数学生独霸讲坛，那么胆小的、内向的、表达不流畅的、思想较易开小差的、基础相对薄弱的"听众"就会渐渐在集体中落伍。为了最大限度地提高学生的参与率，小组内的每位成员都应有相对侧重的一项责任，担任一个具体的合作角色，如小组讨论的组织者、记录员、资料员、发言代表等，一定时间后，角色互换，使每个成员都能从不同的位置上得到体验、锻炼和提高。教师要鼓励每个组员积极参与并踊跃发表自己的见解，倾听其他同学的发言，及时补充修改自己的看法。这样可以充分挖掘每个学生的长处，特别是给那些平时不愿意说话或是不敢说的同学提供展示自己的机会，让每个学生在活动中做到：会倾听、会表达、会讨论，保证事事有人做，人人有事做，杜绝"搭便车"现象，让每个学生都能承担他个人对小组的义不容辞的责任。

例4：某位教师在上一节"电阻定律"公开课时，采用合作学习模式。他把书本上的演示实验改为学生分组实验，让学生亲自动手，小组合作，共同探究导体的电阻与它的长度、横截面积及导体的材料的关系。教师将实验器材发到每个小组，每个小组按照课本电路图连好电路后开始做实验。这里存在两个问题：一个问题是教师没有做好前期的组内分工指导，每个小组进行合作时都比较混乱；另一个是组内没有分工，而实验需要测量的量较多，学生又不熟练。由于组内没有进行明确的分工，每个小组又要独自完成整个实验，结果一节课的大半时间过去了，仍然没有一个小组完成所有实验，眼看要下课，上课的教师只得让所有学生停止实验，匆忙将结论告知学生，探究式合作学习的目标根本没有达到，教学任务也没有完成。如果改变一下方式，教师首先将学生分成9个小组，其中1~3小组研究导体的电阻与它的长度的关系，4~6小组研究导体的电阻与它的横截面积的关系，7~9小组研究导体的电阻与不同材料的关系（如果学生基础较差，还可以将每个小组的任务分得再少些）；让每个小组的学生都明确分工、明确具体的小组目标，就不会出现前面匆匆收场的尴尬局面。当全班学生在老师的引导、组织、合作下得到电阻定律时，每个学生都会有一种成就感。通过这样的合作，学生体会到合作的愉快、合作的成功，培养了学生合作的精神。

（4）合理的分组是小组合作学习顺利进行的保障

建立物理合作学习小组有两种方式，一种是学生自愿组合，另一种是教师按照学生物理素质（成绩、能力倾向、个性特征）分组。一般来说后者更合理，有利于学生共同提高，达合作学习之目的，否则会导致两极分化严重，影响整体发展。在合作学习中我们以"尊重每个学生，让每个学生都有进步"作为目标，使每个学生的成绩都能获得认可（或奖励），从而使学习积极性越来越高，这样可达到大面积提高教学质量的目的。每个合作小组的人数以多少为宜，应根据课堂所讨论或探究的问题情况来定。合作学习小组通常由4~6人组成。以4人为例，其中1名是优等生，1名是学困生，2名是中等生，要求各小组总体水平基本一致，每个小组都应是全班的缩影或截面，全班各合作学习小组之间应具有同质性。组内异质、组间同质为互助合作奠定了基础，而组间同质又为全班各小组间展开公平竞争创造了条件。

典型意义上的合作学习，其小组活动与传统教学中的小组活动也有着重大区别。这主要表现在传统小组（如兴趣小组）往往是同质小组，而合作学习小组则以异质小组为主。异质小组通常由性别、学业成绩、能力倾向、性格等方面不同的成员构成，成员之间存在着一定的互补性。合作就会产生竞争，课堂的良性竞争必将活跃课堂气氛，呈现出你追我赶的生动场面。我们有理由相信，只要每位教师都能坚定信念，在实践中不断地总结和摸索，总能找到一些解放学生、轻松自己的新思路。

2. 以研究性学习促进深度学习

研究性学习是学生在教师的指导下，从自然、社会和生活中选择和确定研究专题，用类似科学研究的方式，主动地获取知识、应用知识、解决问题的学习活动。研究性学习可以有效促进学生进行知识的深度学习。

虽然研究性学习是一项自主性很强的学习活动，但同样离不开教师的指导和帮助。下面以研究性课题"纸桥承重活动"为例，详细地剖析物理研究性学习实施过程中的总体指导策略。

（1）课题选择

选择的课题，应能激发学生的兴趣，并能反映事物本质与内在联系。在教师指导下，学生通过研究，能拓展并深化所学的知识。纸桥承重既与课本知识联系紧密，桥梁又是我们日常生活中常见的，把两者联系在一起，能引起学生的兴趣，而且可操作性强，是一个具有挑战性的设计制作活动，可对学生综合运用知识能力和动手能力进行培养。

粤教版普通高中标准实验教科书《物理》必修1在第51页中有一个讨论与交流：

将一把直尺架在两本书之间。用力向下压直尺，观察直尺的形变，并分析其产生的弹力的大小和方向。结合这一情况，讨论生活中桥梁的最大承受力与哪些因素有关。

这个讨论与交流在课上引起了学生极大的兴趣，很多学生在课后对桥梁知识进行检索，知识面拓宽了不少。

（2）活动过程

教师要指导学生做好活动准备工作，包括知识准备、方法准备、资源准备、思路准备、人员准备等。在活动的过程中，一定要给予学生主动探索、自主学习和解决问题的时间和空间，营造民主、和谐、合作的教学氛围。一是实行教学民主，教师不仅要有博大的胸怀，能勇于接受学生的批评意见，还要善于以参与者的身份与学生进行平等对话，允许他们提出不同的见解和观点，甚至对教师的观点提出挑战。二是开展合作学习，在生生互动的小组合作学习情境中，每个学生都有平等的机会在小组内讨论和解决问题。由于小组合作学习把学生从传统的班级授课中单纯的旁听者转变为学习活动的积极参与者，由学习上的竞争对手转变为学习活动中相互协作的伙伴，因此既促进了学生积极主动地思考，也增强了学生学习物理知识的主动性。

制作前有关桥的知识准备：①实地踏勘，用相机拍摄家乡的桥。从学生那里收回的照片看，家乡的桥是以梁桥、拱桥为主的。②设计开放性的题目，让学生查资料或上网搜索有关桥的资料。

设计纸桥，表5-9是某一小组的设计表格。

表5-9

《纸桥承重》设计草图		
桥梁尺寸 要求：	长：34cm	缩小比例 100倍
	宽：7.3cm	
	高：15cm	

第4小组分工：

总设计师：　吕国合　　　　　　　　副总设计师：　罗嘉敏

资料收集员：　朱思雅　郭俊江　庄业广　　　记录员：　刘逸杏　周国威

检测员：　张锦标

设计草图：

我们查阅的资料：
1. 鳄鱼的牙齿很坚固，所以齿纹的承重能力较佳，
2. 斜拉桥自重比较轻

制作过程：
1. 先把纸卷成细的卷，卷得越紧，受力越大；
2. 把5个卷纸并团在一起制作一个桥墩；
3. 把8个卷纸并在一起并弯成牙齿状，做成支撑桥面；
4. 按设计图，连成纸桥

难点：桥面怎样做？桥墩承重不好，怎么办？怎么连接桥面和桥墩？

对活动过程中可能出现的难点进行反复的实验验证，该组同学认为纸桥的制作过程中可能的难点是：桥面怎样做？桥墩承重不好，怎么办？怎么连接桥面和桥墩？根据这些难点，该组同学（表5-10）特别进行了实验验证。

表5-10

《纸桥承重》实验验证		
测试数据（3次）	自重：340克	
	承重：3500克	
	自重与承重的比例：　　　　　1：10	
我们发现的问题	1.桥面承重不够； 2.桥墩不够结实； 3.棉线无法固定	
需要怎样改进	1.加厚桥面，把桥面做成双层； 2.用报纸在桥墩上多裹几层； 3.用双面胶把棉线粘贴在桥面上	

（3）研究性学习活动的评价

由于研究性学习的特点不同于传统的学习方式，因此评价系统也应该呈现多元化和个性化。研究性学习活动的评价应注重评价学生的学习态度，如是否认真参加每一次课题小组活动，努力完成自己所承担的任务，做好资料积累和分析处理工作，主动提出研究和工作设想、建议，在学习中不怕困难和辛苦等；注重评价学生的协作精神，如是否乐于帮助同学，主动和同学配合，认真倾听同学的观点和意见，对班级和小组的学习做出积极的贡献等；注重评价学生的创新精神和实践能力，如是否善于发现问题，是否有独到的见解，实际操作能力怎样，在参与研究性学习活动前后或几次研究性学习活动中所表现出的发展趋势怎样；注重评价学生对技能方法的掌握情况，如查阅资料、实地观察记录、调查研究、整理材料、处理数据、运用工具等方面技能方法的掌握和运用水平。

研究性学习既是对传统学习方式的革命，也是对传统教学方式的革命，是一种新的教育理念。研究性学习还有很多问题值得去实践与思考，这是一项艰苦而有意义的工作。在物理教学中，由于其突出的学科特点，研究性学习活动具有突出的学科地位，理应发挥应有的作用。作为基础教育课程改革年代的物理教师，理应克服一切困难，努力完成好这项工作，通过反复学习、实践与反思，不断推动研究性学习活动向前发展。

3. 以绘制思维导图促进深度学习

思维导图教学模式是将分散性的知识转变为一种更具条理性的图谱，由此来帮助学生发现规律的一种学习方式。高中物理是一门相对抽象和高难度的科目，对学生的思维能力要求较高。在高中物理教学中，教师可借助思维导图优化教学模式，将教学内容可视化地呈现出来，展示出逻辑结构，帮助学生理清脉络，构建清晰明了的知识关系图，提升学习效率。

教师应了解学生在物理学习过程中的一些难点，寻找思维导图在不同物理知识中的应用特性，选择适合学生发展的思维导图教学模式，使学生在物理课堂上保持思维的活跃，由此来让学生的学习过程变得更为透彻。如可以运用思维导图预习，加深物理概念的理解；运用思维导图讲述新课，强化物理规律分析；借助思维导图复习，完善知识网络。如在新粤教版2019物理必修第一册第一章《运动的描述》复习中，同新课相比，复习内容更为广泛，容量也更大，同一章节知识要点之间联系更为紧密；要想让学生系统、全面地掌握各个知识点之间的关系，可借助思维导图指引他们复习，使其构建一个完善的知识网络。教师需明确复习内容与目标，引领学生回顾所学内容，理清复习重点，罗列出来制作成一个思维导图，根据思维导图展开联想，如果遇到问题则相互讨论解决，帮助学生精细掌握物理知识。

第一步，教师讲解思维导图的特征和编制方法，并板书示范，和学生一起编写。如图5-28所示为教师的板书示范，图5-29所示为教师用PPT示范。

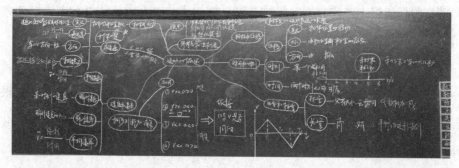

图5-28

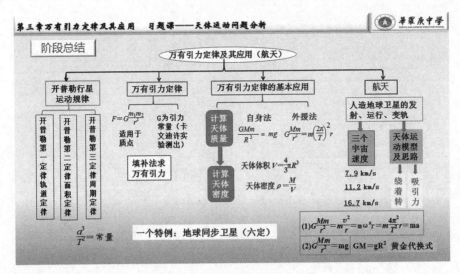

图5-29

第二步，教师指导学生独立编写。这个过程可充分培养学生的独立思考能力、逻辑思维能力和归纳总结能力。

第三步，对学生的作品进行点评，创造学生之间互相借鉴学习的机会，让学生体验成功的快乐。这个互评互鉴的过程可培养学生的批判性思维和深层次思考的能力，学生的学习能力自然而然就提高了。

指导学生编制思维导图的过程，就是指导学生深度学习的过程。这个方法既可以用在单元学习的过程中，也可以用于整章学习或复习。

第六章

高中物理深度学习中的效度评价

第一节　促进深度学习的学习效果的评价

教学策略是指在教学过程中，为完成设定的教学目标，依据实际教学的主观及客观条件、学生的实际情况，对所选用的教学内容及顺序、教学活动的程序、教学组织的形式、教学方法和教学媒体等的总体考虑。在教学过程中，不可能用一种最佳教学策略来实现各种教学目标，同时，也没有任何单一的策略，能够适用于所有的教学情况。有效的教学需要有可供选择的策略来达到不同的教学目标，而且需要不断予以相应的监控、调节和创新。深度教学更需要对教学策略进行选择和组合，找到科学的、更具有实效的教学策略，从而实现深度学习所要达到的教学目标。

一、关于学生学习的评价

1. 即时评价

课堂即时评价是物理教学课堂中不可或缺的部分。对物理课堂即时评价相关理论的综合研究表明，课堂即时评价对于丰富和完善物理课堂、调动学生的学习情绪具有重要意义。

学生是课堂教学的主体，学生在课堂中的表现和感受对学生的发展有直接的影响，有效的、积极的课堂评价对提高学生学习物理的兴趣，促进学生全面发展起着潜移默化的作用。在物理教学中，实施有效的课堂即时评价会激发学生主体参与的积极性，让学生体验到成功的快乐，获得进取的力量，营造出民主、和谐的课堂氛围，从而树立学生的学习信心，使学习变得轻松、生动，从而促进学生更好地发展，收到事半功倍的效果。

评价方式有丰富的口头语评价、运用体态语评价、利用多媒体辅助评价等。但要注意的是，课堂上的随机评价力求灵活有效，抓住时机，不要刻意地、牵强地评价。

2. 过程评价

在当今教育领域中，提升教育质量及质量保障已成为教育改革的鲜明主题，但大部分国家在对教育质量的评价中并未将教学活动的主体——学习者纳入评价体系，学习者真正的需求往往被忽视。而随着深度学习的不断发展，其测量和评价方法逐渐受到研究者的关注，由于对深度学习的测量和评价并没有统一的标准，传统的测量工具无法支持对学习过程的跟踪评价。

教师需要思考如何获取学生学习过程中的数据轨迹，如何向学生反馈信息，向学生提供什么样的信息以及如何利用这些信息才能最大化地帮助和激励学生学习。教师完成一个教学过程，如上完一节课、做完一个实验、完成一次测试，应立即对学生进行相关评价，以更全面地了解教师的教学设计与实施的效果和学生学习的效果。例如，在课堂教学中，从学生学习的角度进行课堂评价，具体内容见表6-1。

表6-1

授课老师		课题		学科	
评价项目	分值	评价项目要点			评价（分数）
参与状态	35	1.教师讲解或演示时，学生目光能注视教师； 2.听讲、练习或操作时神情专注； 3.学生全员参与学习，没有开小差现象； 4.约有50%以上学生能在小组学习或问答中积极发表见解； 5.学生独立阅读、思考、练习、操作活动时间占课堂教学时间的60%			
交流状态	15	1.学生与教师交流互动有效得体； 2.同学间能积极开展合作学习			

续 表

评价项目	分值	评价项目要点	评价（分数）			
思维状态	20	1.学生能用自己的语言有条理地解释、表述所学知识； 2.学生善于多角度思考问题，能主动提出有价值的问题； 3.学生的回答具有自己的思想或创意				
情绪状态	15	1.学生在学习过程中伴有点头、眉头紧锁等动作或表情，既紧张又活泼； 2.学生能自我调控好学习情绪； 3.学生在教学进程或解决问题的过程中产生不同的情绪变化				
生成状态	15	1.学生在学习过程中获得满足、成功等体验，对未来学习展现出自信； 2.学生能总结当堂学习所得，或提出更深层次的问题				
总分	等级		A	B	C	D
			100～85	84～71	70～60	59及以下
建议						
评课人		评课时间				

此表可获取学生学习过程中更多的实时数据，从学生的情绪状态、参与状态、思维状态、专注力、积极性、生成状态等方面，对学生在学习过程中的各种参量及时记录，并实时反馈给学生，帮助学生及时发现问题，适时调整，以收到最佳的学习效果，促进深度学习。

深度学习过程中，参与度尤其重要，这是学生学习主动性和积极性的重要体现，所以分值占比最大。通过观察教师讲解或演示时学生的目光能否注视教师；学生在听讲、练习或操作时神情是否专注，有没有开小差现象；学生是否全员参与学习，在小组学习或问答中积极发表见解的学生占比；学生独立阅读、思考、练习、操作活动的时间占比等方面，适时地判断学生课堂参与度，也能帮助教师判断自己的课堂教学方法在调动学生参与度方面是否需要改进。

高中阶段的物理深度学习，最主要的是观察学生有没有深入地探究、深入地思考，故而在评价学生课堂学习行为时，学生的思维状态也非常重要。我们通过观察学生能否用自己的语言有条理地解释、表述所学知识；学生能否从多角度思考问题，并主动提出有价值的问题；学生回答问题时是否具有自己的思想或创意等方面，来判断学生是"伪"学习、浅层学习，还是真正的深度学习。

3. 阶段性评价

实际上，对学生的评价不应该有固定的公式或模式，评价的角度很多，评价的方式也应该多种多样。评价中坚持发展的观点尤其重要，教师应该随着学生的发展采用灵活的评价方式。例如，每次单元学习结束，可以进行一次单元测试，学生针对测试的结果写反思，做总结，教师再针对学生总结的学习过程情况、考试情况以及学习成绩进行评价，可以用批阅总结的方式留言，也可以和学生面对面交流等。教师要引入多元评价方法，促进学生学习方式的多样化。

美国教育家布鲁纳认为："学生对自己学习结果的检验，是使学生的学习动机产生于学习过程本身的一个重要条件。"在深度教学过程中，我们应加强学生的自评能力，让自评成为学习过程中的一种自发意识，促进学生的学习和发展，使学生学得轻松，学得主动，时时闪烁着智慧的火花。学生对自己进行评价的过程，既是知识的再现过程，又是对自己的能力和方法进行全面反省的过程。

当学生没有发现自己的不足之处，并固执己见，或一个问题可能有多个答案时，让同学之间相互评价，这样更能发现自己的不足，促进学生正确、客观地认识自己。

学生自评、互评后还应有反馈，以便教师了解学生对知识的掌握程度。因此，当学生完成自评、互评后，教师应该让记录员把评语交上来。教师不但评小组报告，还要对学生的自评、互评给予再一次评价。对于新知识掌握不好的学生，教师可运用鼓励性评语给他一个客观公正、能激发他积极向上的评价，并在练习中允许他通过努力再次自评，让学生不断地取得成功，不断感受成功的快乐，不断产生新的追求欲望，从而增强学生的学习信心，并激励学生走向成功。

深度学习之"制订计划与设计实验"学生评价表（见表6-2）如下。

表6-2

姓名：	班级：		教师：	日期：		
项目	指标			自评	互评	教师评价
	优（5）	良（4）	需努力（2）			
需要解决的问题	明确	较明确	不清楚			
解决问题的方法	提出几种	提出一种	提不出			
选择实验器材	选择恰当	部分选择	不清楚			
控制变量意识	意识明确	部分意识	意识不清			
收集信息方式	明确制定	可以制订	不清楚			
教师评价与期望						
自己最得意之处						

教师引导下学生学习方式的优劣与学习效果的好坏有一定的关系，在追求多样化的学习方式情况下，我们也要评价这些方式对学生学习的促进作用。在教学中，为从学生的有效学习情况和效果的角度来评价学习方式的优劣，我们制订了学生有效学习的自我评价表（见表6-3）。

表6-3

内容	分值	参考标准	自评分
学习态度	25	1.能课前做好预习、准备	
		2.听课、操作、练习过程中专注	
		3.能保持每节课物理学习的好奇心	
		4.能在小组学习或答题中积极发表见解	
		5.能独立阅读、思考、练习、操作	
学习方法	25	1.能独立观察，勤于思考	
		2.能勤于动手，乐于探究	
		3.能重视基础，狠抓落实	
		4.能严格规范，养成习惯	
学习思维	20	1.能用自己的语言有条理地解释、表述所学知识	
		2.能从多角度思考问题，主动提出有价值的问题	
		3.回答具有自己的思想或创意	
学习效果	30	1.掌握基本概念和规律	
		2.懂得推理与分析，学会总结	
		3.能分析物理过程，分析物理规律	
		4.对物理公式能举一反三，能透彻理解每一个符号所代表的含义	
		5.在学习过程中获得满足、成功等体验，对未来学习展现出自信	

教师在设计这类阶段性学习效果自评、互评的评价表时，要注意从三方面入手：一是引导学生衡量自己的学习准备是否充分，如衡量自己是否易建立新旧知识的联系，形成新的认知结构，能否将更多的时间和精力用于完成当前的学习任务，自己的学习时间和精力消耗是否经济合理，自己对新的学

习是否有热情、有期待，跃跃欲试，并能调控自己的行为等；二是引导学生客观地评价自己在学习过程中的参与度，如是否在学习过程中有明确的学习目标，注意力是否集中于新的学习任务，能否采取以自主学习为主的个性化学习方式，自己是否带着积极的情感体验，产生继续学习的愿望，在遇到困难时能否坚持前行、不退缩等；三是引导学生准确评价自己的学习效果，如阶段学习结束后，自己是否能较系统地掌握并恰当地运用其所在学段所需要的学习方法和策略，自己在课堂活动、课后作业、阶段性检测中的成绩是否能够达到教师提出的要求，自己有没有厌学、畏学的不良情绪，自己能否克服不良情绪，喜欢上学习并积极投入后续的学习中。从学习准备、过程参与、学习结果这三方面引导学生全面地进行自评、互评、他评，并结合教师评价，这样可以帮助学生有效、及时地认识自己的学习方法、学习力度、学习态度等是否处于最佳状态，还有哪些需要改进的方面，帮助学生建立多样化的学习方式。

在物理教学实践中老师要深入课堂，深入学生，加强研究，用更科学的评价方式来评价学习方式；引导学生自主学习，主动参与，主动探索，主动讨论，成为学习的主人，成为课堂的主人。

二、关于教师组织学习活动的效度评价

1. 活动组织评价

课堂活动的组织需要及时有效的评价，以即时总结反馈本活动的情况：成功与失败，优势与不足，方法、过程与成效，为下一次活动积累经验。下面以小组活动的评定为例简要说明。

（1）传统评分的弊端。传统评分是带有竞争性的评分体制，强调常模参照评价，关注学生在整体中的位置，只通过分数排位来比强弱胜负。它的后果是，学生都视别人的成功为自己的失败，别人的失败就是自己的成功。这种各自独立的学习和排位，不能满足大多数学生自尊的需要，不仅使学生互相疏远，还会使许多学生把自己的精力放到课外活动和校外小团体等，以满足自尊

的需要，导致对学习毫无兴趣，成绩越来越差。

（2）合作学习的评价是以小组作为整体来评价的，无论是平时课堂内外小组合作学习的即时评价，还是阶段单元测验评价，都是以小组为单位进行的，以标准参照评价。合作学习避开了只对个人的评价，好比在小组篮球比赛中，最后获得胜利的是小组而不是个人，每个人的成功都有助于小组的成功，因而每个人都可以得到同伴的大力支持，个人没有排他性，因为对个人的评价已经不那么重要了，重要的是对小组的整体评价。在计算小组测验成绩时，先以上期物理期末成绩为标准参照，每月进行一次月考，排出全班名次与标准参照对比，以学生的名次在全班的升降来计算小组每个成员的得分。比如：标准参照是排第20名，这次月考是第16名，就记+4分，若为第23名，就记-3分，计算出小组每位同学的得分，再计算小组平均得分，每月通报个人得分和小组得分，评出得分高的小组进行通报表扬、物质奖励。下次月考则以上一次月考为标准参照计分，这种评分既保留了传统评分对优生的肯定和鼓励，又照顾了大多数学生的实际，尽量做到"不求人人成功，但求人人进步"，把传统的个人竞争转变为组间竞争、组内成员通力合作的新格局。通过一年的实验研究，调查、统计资料显示：实验班物理整体成绩提高幅度远大于对照班的提高幅度。

在高中物理课中开展小组合作学习，对促进学生自主参与学习、培养学习兴趣以及改善人际关系、缓解心理压力、合理利用学生资源、提升学生学业成绩等都大有好处。但是小组合作学习与其他学习方式一样，有优点也有缺点，我们不主张让小组合作学习代替学生的一切学习方式，而是与其他学习方式一起互为补充，丰富高中学生的学习生活，提高教育教学质量。

小组合作学习的评价表举例如下（见表6-4）。

表6-4

项目	评价细则或要点	程度评价 （优、良、中、差）
资源类	教材、练习册、网上文字资料、网上音视频资料用到的数量程度	
互动交流	成员间人际关系的融洽程度、观点交流的程度	
解决问题的初始想法	寻求老师的帮助、向其他小组请教的程度以讲解为主或以小组学习为主的程度	
合作学习特点	教师的课堂指导情况、学生学习的进度及用时情况、教师驾驭课堂的能力、学生精力投入情况	
取得的进步	更愿意发言的程度、对学习更有兴趣的程度、更愿意帮助同学的程度	
合作学习方式的效果	各学科的学习都有意识应用的程度（只会在物理学科的学习中应用或很难应用到学科的学习活动中）、学习的方式扩大了物理学知识面的程度	
核算分值		

在教学中，评价的方式也是灵活多样的，除了用评价表的方式进行评价外，还可以用问卷、座谈等方式进行。

附1：对学生深度学习素养的调查问卷

同学们：

你们好！这是一份有关学生深度学习素养的调查问卷，恳切希望同学们给予支持和合作。我们保证调查结果不会对各位同学产生不利影响，本卷不要求写上姓名，调查原始数据将保密。希望同学们能认真如实地进行回答，请在你认为最能表达你意愿的选项后面画上一个"√"。谢谢合作！

1. 你认为物理的内容：

A. 好学　　　　　　　B. 一般　　　　　　　C. 难学

2. 你对物理：

A. 喜欢　　　　　　　　B.一般　　　　　　　　C. 不喜欢

3. 你对学好物理有信心吗？

A. 有　　　　　　　　　B. 一般　　　　　　　C. 信心不足

4. 你对新知识的心理倾向是：

A. 具有强烈的求知欲　　B. 一般　　　　　　　C. 不感兴趣

5. 课外你会读一些与物理有关的科普读物吗？

A. 会，对科普读物很感兴趣

B. 有时会看

C. 不会，不感兴趣

6. 生活中碰到与物理有关的现象你会感到好奇吗？有探究其奥秘的冲动吗？

A.非常好奇，有　　　　B. 一般，有时有　　　C.无

7. 你是否愿意与同学一起探讨老师提出的问题？

A. 愿意　　　　　　　　B. 不愿意　　　　　　　C. 这样太浪费时间

8. 当老师提出一个探究课题时，你的态度是：

A. 坐着观望　　　　　　B. 与同学一起积极准备　C. 等老师讲解

9. 在问题讨论课上，你会主动发表自己的见解吗？

A. 主动　　　　　　　　B. 被动　　　　　　　　C. 从不

10. 老师批过的作业发下来，你怎样处理错误？

A. 马上订正　　　　　　B. 有时订正　　　　　　C. 放一边，等老师讲

11. 你会经常提出一些学习和生活中碰到的问题吗？

A. 会　　　　　　　　　B. 有时会　　　　　　　C. 不知怎样提

12. 你是否对老师得出的结论产生过怀疑？

A. 经常　　　　　　　　B. 偶尔　　　　　　　　C. 从不

13. 如果你发现你得出的结论与老师讲的和书上写的不一致，你的做法是：

A. 自己找资料或做实验

B. 与老师讨论

C. 相信老师讲的或书上写的

14. 物理学习中，你觉得什么最重要？

A. 研究问题的方法   B. 物理知识   C. 不知道

15. 你在课后会利用身边的器材做一些小实验吗？

A. 经常   B. 偶尔   C. 从不

16. 在做物理实验时，你是按照老师提供的方法做，还是：

A. 另辟蹊径   B. 基本上按照老师的   C. 完全按照老师的

17. 物理课前你会预习吗？

A. 经常   B. 偶尔   C. 从不

18. 你觉得自己能否阅读并理解课本的内容？

A. 完全能   B. 基本能   C. 不知道

19. 如果请你设计"科学探究活动"，你可以吗？

A. 可以   B. 没有多大的把握   C. 没有信心

20. 你能将所学的物理知识应用到生活中吗？

A. 经常   B. 偶尔   C. 从不

附2：对合作学习的意见和体会的调查问卷

说明：设计本问卷的目的主要是调查同学们对本学期小组合作学习的意见和体会。

调查对象是高一（   ）班的全体同学。请同学们据实答卷，不署名，谢谢！

选择题：请在你认为最能表达你意愿的选项上画"√"

1. 你认为网上资料对你的物理学习有帮助吗？

A. 有很大帮助

B. 有时有帮助，有时没有帮助

C. 没有帮助

2. 你们小组成员的关系：

A. 一直很融洽

B. 有时融洽，有时不融洽

C. 不融洽

3. 学习中，小组其他成员的观点与你的观点出现分歧时，你的做法一般是：

A. 想办法驳倒他

B. 尊重对方的观点

C. 由小组其他成员评判决定

4. 你们小组遇到难以解决的问题时，常采取的办法是：

A. 寻求老师的帮助

B. 向其他小组请教

C. 等待最后老师总结的结论

5. 其他科目的老师大多以讲解为主，物理课以小组学习为主，两种教学方式你更喜欢哪种？

A. 前一种　　　　　　　B. 后一种　　　　　　　C. 两种都一样

6. 小组学习过程中你最喜欢哪个角色？

A. 主持者　　　　　　　B. 记录者　　　　　　　C. 发言者

7. 你是否喜欢物理学科？

A. 非常喜欢　　　　　　B. 一般性喜欢　　　　　C. 不喜欢

8. 你认为小组合作学习这种方式最大的缺点是：

A. 老师指导太少，学习速度太慢，浪费时间太多

B. 课堂纪律比较乱，而且不便控制

C. 有的同学借讨论之机闲谈，老师很难发现

9. 在一学期学习中，你认为自己最大的进步是：

A. 更愿意发言了　　　　B. 对学习更感兴趣了　　C. 更愿意帮助同学了

10. 你认为小组合作学习方式：

A. 适合大部分学科的教学

B. 适合一小部分学科的教学

C. 不适合其他学科的教学

以下题目为是非题，请选一项。

11.你在小组学习过程中是否经常帮助其他同学或被其他同学帮助？

　　A.是　　　　　　　　　B.否

12.你是否觉得这种小组合作学习的方式扩大了你的物理学知识面？

　　A.是　　　　　　　　　B.否

13.你是否认为小组合作学习教学方式对教师的要求降低了？

　　A.是　　　　　　　　　B.否

14.在合作学习过程中，有些小组中经常是一个人发言（像一位小老师一样），其他同学听，或者有个别同学几乎不参加小组讨论和学习。你们小组是否也存在这些现象？

　　A.是　　　　　　　　　B.否

15.你们小组在学习过程中是否出现过挖苦讽刺同学的现象？

　　A.是　　　　　　　　　B.否

2. 个体学习效度评价

科学的评价方式是深度学习发展的有力保障，评价和反馈又是提升深度学习质量的重要手段，但深度学习的评价是我国深度学习研究的一个短板。现阶段我国大部分教育者仍秉持分数至上的评价观，这种不合理的评价观念极大地阻碍了深度学习在我国教育实践中的发展。已有研究证明，评价应该持续、实时地镶嵌于学习过程之中，而非教学后，对学习者学习过程和学习结果的共同描述才能揭示深度学习。教育工作者应该广泛采用各种方法和工具开展教学过程评价，其中，应包括对学习者知识与技能的掌握程度、学习进程的数据记录和分析及其他指标的考核。因此，深度学习要求教师一定要重视形成性评价在学习中的价值，关注学生的学习进展并及时给予反馈，进而引导学生根据自己的学习状况调整他们的学习策略。此外，深度学习还要求教师在评价的过程中重点关注学生元认知能力和思维品质的发展，因为发展了的元认知能力和改善了的思维品质才会进一步激发学生深入学习、积极探究的动机，才会将学生的学习引入更高层次。

首先，注重过程评价。深度教学中学生的学习状态与效果主要体现在深入的探究过程中，因此要根据学生在探究过程中表现出来的积极性、方案设计的周密性、探究的实效性等各个方面来进行评价。

其次，注重多元化评价。①平时考查与考试相结合；②理论与实践相结合，既要重视书面形式的理论考查，又要重视学生操作技能的考查；③知识与能力相结合。能力是一个人稳定的、潜在的、综合的心理特征，能力测验具有受记忆力影响较小，并且无法突击准备的特点；③定量评价与定性评价相结合。不仅要注意学生的定量分数值，还要注意学生在深度学习过程中起着重要作用的情感因素，如学习态度的变化、深入的思考程度、科学世界观的形成等，这些都可以用定性的专门术语来描述评价；④教师评价与学生评价相结合。鼓励学生参与评价，强化学生的主体意识，通过自我总结、自我反思实现自我深度学习的目标。

深度学习倡导评价方式多样化，终结性评价与形成性评价同等重要。物理教师要在教育、教学的全过程中采用多样的开放式评价方法，如采用笔试、实验操作、课题研究、行为观察、成长记录档案、活动表现评价等方式评价学生。下面介绍几种行之有效的有关深度教与学的评价方法。

（1）能力测验

能力测验是目前越来越被重视的一种评价学生深度探究能力的方法。尤其是当需要大规模评估时，能力测验就可显示出它的优越性。因为作业法耗时过多，大规模评估势必延长评估时间；而一些学生的实际情况已发生变化，不能真实地反映学生真正的能力水平。能力测验与教育测验一样，首先要进行测验的设计，既要考虑以各种方法为基础的能力类别，如观察、想象、推理、创造能力的高低，又要考虑用试题的难度与复杂性体现能力要求的高低。能力测验的关键是提供给学生的试题一定是新的情境，否则再难的题目，只要是学生曾经练习过或看到过的，那反映出来的就可能只是学生的记忆或重复能力，而不是真正的分析与解决问题的能力。

附：深度学习能力测试题

请将答题时间限制在1个小时以内，谢谢你的合作！

一、下面给出了3个研究课题，试分析各自的研究价值。如果让你从中选择一题进行研究，你会选择哪一个，为什么？请列出你所选出的题目的研究计划（计划内容包括：你想研究的具体问题、你打算如何进行研究、研究方法、和谁合作及分工的内容、会遇到的主要困难，以及时间计划等）。

（1）惠州东江污染的调查研究。

（2）调查研究失重对人体的影响及其原因。

（3）调查研究手机辐射对人体的影响，如何减少手机污染。

二、请你尽可能多地提出问题：

（1）多媒体在使用中还有哪些不足之处？

（2）老师新讲了一个物理规律后，你通常会从哪几个角度提问题？

三、请你尽可能多地提出解决方案，并写出每种解决方案的处理方法：

（1）研究几种材料的摩擦系数（泡沫塑料、棉布、纸、木头）。

（2）请写出拔河比赛中用到的物理知识，越多越好。

四、请对自己参与的研究型课题进行过程评价，同时对小组合作进行整体评价，并提出更好的建议。

（2）作业法和作品分析法

作业法是指为了评价学生的科学方法与能力，设计一个作业让学生当堂完成，教师通过现场考查学生完成作业的速度、质量与效果，评估其探究能力水平。学生的观察、收集资料、提出假设、实验、动手操作等能力的评估都可采用作业法。采用作业法的关键是要有好的作业设计，因为作业不仅能反映出学生学习方面的方法与能力，而且便于教师观察记录，在一些关键点上能区分出学生深度学习的水平的高低。因此，要事先设计好作业中的观察点与记录方式。

与作业法相关的是作品分析法。有时受条件、时间、人力等限制，教师不可能在当堂现场考查，则可提出一个作业，让学生在规定时间内完成，交出作品，从他们所完成作品的质量，分析其所具有的科学探究方法和能力水平。由于完成作品的过程大多需要一定的方法与能力的参与，因此，各种探究方法与能力的评价几乎都可以用作品分析法。如收集专题文献的能力，可从专题文献报告的质量进行分析，观察能力也可从观察报告的好坏表现出来，至于提出假设、实验、科学结论的表述、动手操作等方面的能力，更是可以设计出相应的作业任务，从学生的作品中做出价值判断。作品分析法的优点是可比性强，同一作业，几个评估对象的作品放在一起，一比便知道质量的高低。但它的缺点是可信度不高，因为无法知道作品是否真正由学生独立完成，是否是他个人的科学方法与能力的体现。

（3）调查法

学生深入探究的精神与深入思考的态度属于主观认识范畴，具有潜在性，因此，评估时常采用问卷与访谈的方式，通过投射技术让学生回答，从而有所了解。同时，学生深入探究的精神与深入思考的态度影响他们的行为习惯，有时通过对学生某些典型行为习惯的观察，也可判断他们深入探究的精神与深入思考的态度。下面介绍三种典型的调查法。

一是问卷法。

指以书面形式提出问题，让评估对象回答，从而搜集所需数据的一种评估方法。评估者将需要了解的信息编制成问卷，让评估对象书面回答，从中了解他们对有关问题的态度、观点与看法。问卷法的核心是问卷的编制。在编制问卷题目时一般需注意：a.题目与评估想要了解的信息直接相关，b.题目要清楚、不含糊，使用的术语要通俗易懂；c.一个题目中只能包含一个问题；d.题目不应有直接或间接提示，以免产生各种暗示；e.答卷人能够读懂问题并能提供有关信息；f.凡是选择题，其答案应是可以穷尽的，选项具有排他性。问卷的前面要有指导语或答卷说明，简要地向被评估对象说明设置问卷的意义、如何作答，并鼓励他们认真作答，对他们的合作表示感谢。

二是访谈法。

访谈，就是研究性交谈，是以口头形式根据被询问者的答复搜集评估资料的方法。访谈法具有较大的灵活性和适应性，比问卷法具有4个明显的优点：一是访谈可以避免问卷回答的遗漏和不回答的情况；二是访谈可以提供向深层探索的机会，以及陈述、讲清问题的机会；三是访谈的结果如事先设计要点，也可以做到标准化；四是访谈可以让评估对象自由回答，更有利于表述他们的观点与想法。但访谈的技术要求较高，所花费的时间与精力也比问卷法多。

采用问卷法和访谈法对学生深入探究的精神与深入思考的态度进行评估，均以学生的自我陈述信息为主，前者用文字表述，后者则用语言表述，虽然在本质上没有太大的区别，但是实际操作时，考虑到精力、时间、花费，往往采取问卷法较实际。

三是档案袋法。

档案袋也可以是档案夹或更简单的档案卡，物理教师用档案袋收集学生的作品，把它作为一种评估工具，目的在于通过这些作品判断学生的进步与提高，或某段时期内所发生的特殊变化。可存放到档案袋中的作品种类不限，可以是完成的物理作业、书面结论、实验报告、研究计划等任何与某个学习单元有关的书面材料，而且某一方面的作品应当不止一种，还应是不同时期最好的或有代表性的，这样才能通过作品的改进来判断学生的进步。用档案袋收藏学生的作品是一项长期而又细致的工作，教师平时可与学生一起讨论和评估应存放哪些作品。用档案袋进行评估的一个显著优点在于它是一种完全个别化的评估方式，从某种程度上避免了将学生相互比较这种打击学生的不良做法。另一个优点是，学生可以利用这些作品做自我评估，从而对自己的发展有更真实的了解。

学生的学习效果最终是通过个体的学习效果和成绩反映的，即使在一个团队中，每个学生的学习效果也是不一样的。在常规的课堂教学中，教师通过课堂观察和课堂交流对话提问等，都可以看出一个学生个体的学习效果。通过以上各种多元化的评价方法，教师就可以更好地调节教学安排以及学生的学习任务。

第二节　课堂教学中教师组织
教学的效度评价

　　能够体现真正学习、深度学习的课堂教学，应该以教师为主导，学生为主体，学生积极主动地学习。教师组织课堂教学的过程应包括前期准备、中期跟进指导和后期评价反馈。前期准备包括对学习资料的准备、对教学方法和学习方法的准备、对学生学习情况的调研准备。其中，调研准备包括从学生的作业中进行信息收集反馈和谈话调研。中期跟进指导则主要发生在课堂教学活动中，这个过程是最重要的，也是教师与学生沟通最及时、最充分的环节。

一、以课堂教学中的要素评价教师的组织效度

　　课堂教学是以教师为主导，学生为主体，课程资源为载体的学生知识生成的过程。物理学科的课堂教学虽然在实践性和创新性方面有较高的要求，但评价的基本环节也是围绕教师主导、学生主体和教学效果进行的。

　　案例1：课堂教学比赛评分表（表6-5）

表6-5

项目	具体项目	评价参考细则	得分
学科：　　　　　授课教师：　　　　　课题：				

项目	具体项目	评价参考细则	得分
教师主导（35分）	教师基本功（10分）	1.语言形象生动、清晰准确、逻辑性强，讲授科学、正确、简明； 2.板书或课件简要工整、布局合理、层次分明，教具或电教媒体操作规范； 3.教态亲切自然、有感染力，善于与学生沟通情感	
	教学过程（20分）	1.面向全体学生，关注不同层面学生个性发展； 2.做到三个精讲，师讲生练相结合； 3.善于创设问题情境，进行启发教学，思路清晰，善于发散和收敛，难易处理得当； 4.注重学法的指导，教师讲解时间恰当； 5.安排一定的时间让学生自主学习，并有恰当的指导	
	创新意识（5分）	有独特的教学方法、教学组织形式，善于应用现代教育理论进行教学创新（如教学模式、实验改进、教学评价、资源与技术应用等）	
学生主体（40分）	学习习惯（5分）	1.课前预习，带问题上课，认真做好课堂笔记； 2.听课注意力集中，练习认真、细致、规范	
	学习实践（20分）	1.主动学习与探究，积极解决学习问题； 2.师生互动，配合默契，思维、情感和谐发展； 3.自主探究、独立思考的时间充分	
	表达能力（10分）	1.能主动提问，答问语言简明，文字表述准确； 2.分工合作，练习、操作规范，按时完成任务	
	创新精神（5分）	1.敢于质疑，勇于探索，有自己的见解或解决方案； 2.善于将知识迁移，有较强的知识再生能力	
教学效果（25分）	学科特色突出（5分）	1.具有浓郁的学科特色； 2.根据学科特点对学生的科学素养、人文精神或体艺技能实施有效的训练	
	学生乐学会学（15分）	1.学生学习兴趣浓，参与度高，对教学满意； 2.学生学习方法得当，学习效率高，学习负担适中	
	目标达成度（5分）	1.完成课时计划，反馈效果达到预期目标； 2.学生对知识、技能掌握好，不同层次学生都学有所得	
评价结果	总评分		

在案例1的表格中，从评价项目看，评价表中分值较多的是学生主体学习环节，占评价总分（100分）的40%，评价表突出了学生的主体地位。从具体评价项目看，在学习实践部分评价分数占该项目分数的50%，同时特别强调学生的自主探究、解决学习中的问题和有充分的自主学习时间，这些都是体现深度学习的重点环节或要素。另外，该评价表对学生的创新精神和独立思考提出了较为明确的评价细则。教师教学的评价体现在教学过程中，教师要设计教学情境，引导学生进行深入的学习，并对学生独立学习时间做出明确的要求。除此以外，在教学效果评价方面，该评价表突出了学生乐学和会学的程度评价，占该项目分值的60%。可见，即使在评价教师的教学行为过程中，我们也要以学生的行为或学习效果作为重要参考指标。

二、以核心素养的要点评价教师的组织效度

课堂是教师导、激、点、拨、讲，体现魅力、展示才华的大舞台；是学生奇、求、学、探、究，获取知识、形成能力的主渠道。课堂教学组织技巧的灵活运用，不仅是教师职业素养的集中体现，更是提高教学质量的前提保证。教师必须要重视课堂教学的组织，只有组织和调控好课堂，才能使学生的注意力集中，从而更好地激发学生的学习兴趣，调动起学生的积极性，顺利地达成教学目标。在课堂教学的组织过程中，教师行为的立足点是关注学生的核心素养的培育与形成情况。

案例2：课堂教学中以核心素养为要点的评课记录表（表6-6）

表6-6

	项目	评价要点	实际表现
学生行为	准备	课前准备的习惯及质量	
	倾听	倾听时的辅助行为（查阅、回应等）	
	互动	互动行为类型及质量	
	自主	自主学习的时间和学习形式	
	达成	达成预设目标的证据	

续表

	项目	评价要点	实际表现
教师行为	环节	环节构成、时间分配、与教学目标的关系	
	呈示	讲解、板书、媒体的呈现质量	
	对话	提问的次数、认知难度及问答方式	
	指导	指导自主学习、合作学习、探究学习	
	机制	处理突发事件、呈现非言语行为	
课堂实施	目标	预设目标及依据，与学情的契合度	
	内容	对教学资源的整合及容量	
	实施	情境创设和学习方法指导	
	评价	主要评价方式及对评价结果的利用	
	资源	预设和生成的资源	
课堂文化	思考	指导学生开展独立思考	
	民主	课堂气氛、课堂话语、师（生）生关系	
	创新	情境创设与资源利用的创新之处	
	关爱	语气、神态、动作亲切自然	
	特色	教师个人的优势、教学设计的特色	
评课总体意见或建议			

在案例2的评价方式中，我们将核心素养的体现细化成一个个细节项目，如互动、指导、实施、思考和创新等，从四个层面进行评价，同时突显了教学中的行为，行为是理念、方法和素养等的外在表现。因此，评价核心素养要以行为作为基本观察点。其中，学生和教师是评价中"人"的因素，放在首要位置，这个评课不是以分值进行评价，而是以文字方式进行描述式记录，更有利于教师之间的交流学习。另外，记录表中增加了一栏：课堂文化，将教学的技术性和艺术性评价进行了巧妙融入，同时评价了教师的专业素养。

三、以学生的学习情况调查评价教师的组织效度

学生的学习情况和学习效果，直接反映教师的教学组织效度。阶段性评价

中，教学结束后，对学生做一个学习情况调查，可以很好地评价本节课教师的教学组织情况。下面以对物理教学中学生深度学习情况进行的调查为例，分析评价的要点。

案例3：物理教学中深度学习调查细目表（见表6-7）

表6-7

项目	目的	问题要点
兴趣与动机	学习物理的态度	1.学习物理的目的
		2.什么原因最能引起你对学习物理的兴趣
		3.物理学习对现在和以后有什么帮助
深度学习的特点	学习的主动性	4.上新课前是否能够事先预习
		5.上课时听课和理解是否能同步进行
		6.上课时是否认真地记笔记
	学习的自我导向性	7.课后是否对笔记进行整理和再加工
		8.对于新的物理规律，是否会亲自验证学习的联系性
	学习的联系性	9.当课堂上涉及以前知识（或者其他学科比如数学或化学知识）时，能否注意和理解知识之间的相互联系
		10.当新学的知识和以前的知识或者生活常识相悖时，如何处理对待
	学习的探究性	11.观察教师演示实验物理现象后，能否积极思考其原理
		12.在上实验探究课时，通过哪种途径提出问题
		13.在做物理实验失败时，是否愿意另外预约时间重复实验 14.遇到真实情境问题是否有从实验的角度去想象
	知识运用的灵活性和综合性	15.上完物理课后能否灵活运用所学的知识
		16.做作业时先看书还是直接做
		17.解完题后，是否想过还有没有其他解法
	自我反思及评价	18.在学习物理过程中是否会常常反思自己的学习方法是否适合
		19.学习物理一个单元后，是否反思学习效果
		20.考试后是否对错题进行整理、归纳和反思

续 表

项目	目的	问题要点
深度学习的要点	预习及引入	21.什么样的预习有助于进一步学习
		22.什么样的课堂引入方式最能引起学习的兴趣
	课堂教学模式	23.最喜欢哪种授课形式，喜欢的理由是什么
		24.在一节课时间中，老师和学生谁用的时间多
		25.以教为主还是以学为主
		26.什么样的课堂气氛更有助于投入学习
		27.上课时老师的表情、肢体语言或者语音语调发生变化时对学习状况的影响怎么样
	小组讨论	28.是否愿意多进行一些学生小组讨论式的学习
		29.如何分组最有效
	教师评价	30.对回答错误的学生，用什么处理方法最能起到实效
		31.最有效的表扬方式是什么
	师生关系	32.什么样的老师更有助于物理学习过程中的交流和合作

开放性问题：

33.进入高中后哪一节（或哪几节）物理课或者教师的教学方式给你留下深刻印象？

34.怎样的教学能帮助你更深入和有效地学习物理？

35.对目前的物理教学有何建设性的意见（欢迎畅所欲言）？

　　案例3中的调查评价方法适合于阶段学习后，对学生采用调查问卷的方式进行，针对每一个要点可以重新设置选项信息，另外，也可以从中抽出一部分要点，编辑成题目进行随堂测评。总之，评价的目的是更好地检测教师的教学和学生的学习的效度。在不同的情况下，我们可以采用不同的测评或评价方法，让评价更好地指导教与学。

第七章

物理教师专业素养
提升与深度教研

第一节　物理教师的专业素养及其提升

一、物理教师的专业素养

新课程改革对物理教师的要求进一步提高，物理教师不仅要把物理知识传授给学生，还要从物理观念、科学思维、实验探究、科学态度与责任等方面去影响学生，让学生通过物理学习把这些内化为带有物理学科特性的品质，进而形成学生的科学素养。这就需要我们在物理教学中，以提升学生的物理学科核心素养为教学的最终目标，因此物理教师必须具有相关的物理专业素养。

1. 职业道德素养和人文素养

教师的职业道德是教师工作的基本准则，良好的教师道德对学生的示范作用不容小觑，身教胜于言传。作为教师，面对的对象是学生，面对一群孩子，教师必须要有人文情怀和必备的文化素养，这也是物理教师需要提升的一个方面。

2. 物理专业知识素养

物理教师要熟悉中学物理知识体系，具有完整的物理学专业知识。这是物理教师必备的素养，是能够进行物理教学的基本素养。

3. 教育理论素养

作为中学物理教师，具备渊博的物理知识只是前提，要把这些知识高效地传授给学生，并且让学生形成一定的能力，这需要方法。教无定法，贵在得法。物理教学的方法和技术手段是物理教师教好物理的必备素养。

4. 教学实践素养

物理学是建立在实验和实践基础上的一门学科，对教师的教学实践能力要求高，同时，教育教学改革对运用现代教育信息技术的要求也在提高，物理教师要有较强的教学实践素养。

二、物理教师专业素养的提升

1. 教学比赛促进物理教师专业素养的提升——以实验说课为例

物理学是建立在实验基础上的一门学科，实验教学在物理教学中占有非常重要的地位，实验教学能力是物理教师的专业素养中非常重要的部分。实验教学能力的提升，不只要靠教师勤于动脑动手，多观察多思考，富有创新精神，还需要展示或竞技的平台，这样才能促进物理教师实验教学能力更快提升。

在实验说课比赛中，教师们体现了扎实的理论知识和专业素养，或优雅从容，或灵动活泼，或激情澎湃，极具感染力；他们对实验教学原理进行创新、紧扣教材又不拘泥于教材；运用材料或仪器进行创新、改进和完善，有些是高科技材料如传感器，有些是我们常见的生活用品，如有的选手用儿童玩具平行激光和手拍改造制作左手定则演示仪。

例如，操瑞英老师参加实验教学说课比赛的课题是《探究感应电流的方向》。操老师在课本演示实验的基础上进行了创新，把螺线管放在电子天平上进行实验，让学生清晰观察到电磁感应引起的电子天平示数的变化，激发学生学习探究的兴趣，利用二极管的单向导电性显示感应电流的方向。操老师教态端庄自然，语言简练生动，课件制作良好，教学媒体操作熟练，体现了很高的物理教学专业素养。比赛评委在新教材资源开发、年轻教师专业发展、物理教师的专业素养提升等方面进行指导。张军明教授提出，一线教师的常态课中应体现学生核心素养的培养和对课程资源方面的开发。他强调课堂的导入技能是教师应重视的一项技能，体现物理教师的专业素养。课堂导入能够有效地激发学生的学习兴趣、集中学生的注意力、创设物理情境、理论联系实际、激发学生的学习动机等。张教授建议多做一些卓有成效的课题研究，多学习一些教育部和国务院的文件，参透改革方向，以文件作为指引，在教育和教研工作中增强成果意识，多看书，多收集资料，多发表论文，促进教师的专业发展，提升教师的专业素养。

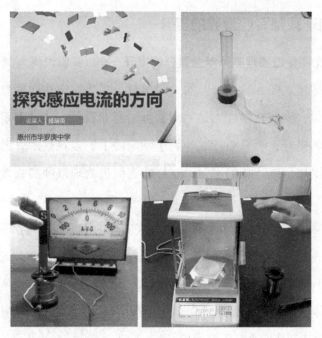

图7-1

附：实验说课评分细则

表7-1

项目	评分标准	分值	得分
说课基本规范	1.内容（实验）在教材中的地位与作用表述准确； 2.说课（实验）重难点分析准确； 3.说课各环节设计合理、完整规范，无明显错误； 4.说课规范、得体、语言流畅、表述清晰	20	
实验方法设计	1.实验设计合理，实验器材或教具选择适当； 2.实验方案科学，有效引导学生参与探究； 3.实验内容体现重点或难点的突破	20	
实验创新点或实验改进	1.实验应用了新技术、新方法、新材料； 2.实验进行了一定的创新、改进和完善； 3.立意新颖，设计巧妙，适用于实际教学，有推广性	20	

续 表

项目	评分标准	分值	得分
实验效果与评价	1.实验现象或数据明显； 2.通过实验材料创新或自制教具更好地完成实验，获得较好的教学效果； 3.调动了学生参与实验探究的积极性，培养学生创新能力； 4.体现了实验教学反思与评价	20	
教师素养和能力	1.回答评委提出的问题，观点正确，理由充分； 2.视频、音频清晰，制作良好； 3.PPT课件制作良好，文字及图片使用恰当合理	20	
总分		100	

这样的比赛可以让教师们的专业素养得到很好的提升。

三、促进物理教师专业素养提升的途径

物理教师的专业发展过程，就是促进物理教师的专业素养提升的过程。如何提升物理教师的专业素养？可以参考以下途径。

1. 导师式个人培养

开展"青蓝工程"工作，以师徒结对子的形式进行一对一的导师制培养模式，这种方法最直接、最有效。学校制订计划，发挥骨干教师传帮带的积极作用，以老带新，以新促老，师徒结对，共同提高。这种方法对物理教师的专业发展极为有效。物理教学的特点是老师不仅仅在课堂上把物理知识传授给学生，更重要的是通过物理老师的实验演示以及对实际问题的分析等促进学生思维的发展和动手能力的提高。而师徒结对，师傅就可以在动手能力方面，给徒弟一个很好的示范，真正做到"手把手"地带徒弟。这种示范作用是书本上学不到的。通过师傅为徒弟上示范课，徒弟跟班听师傅的课，师徒共同备课、研课，可以关注到教学的每一个环节、细节。徒弟学习师傅的一招一式，不但获得专业知识，还有实践知识，从而形成专业技能，内化为专业素养。徒弟并不是单纯地模仿，他要有自己的新思想、新思维、新做法。这个途径对于新教师

培训更有必要和实效。

2. 团队式群体培训

团队培训是一个非常高效的培训方式，也是教师专业发展的一个重要途径。它一般以学校的科组、备课组或课题组等团队为单位，集中去外地学习培训，或者把知名的专家请进来，为团队的老师进行培训。培训采用主题式，这样有利于有针对性地提升物理教师的专业素养。例如，参加名校的主题教学研讨活动，通过听课交流开阔教师的视野，拓展教师的专业能力，提升教师的专业素养；与外校的研究相近问题的课题组进行交流互访，提升教育教学研究的能力；请专家来学校进行以教师人文素养提升为主题的讲座等。

3. 主题式深度教研

针对一定物理教学主题，开展较为充分的主题任务研究或有主题的深度教学研究，对物理教师的专业素养提升有很好的作用，可以更好地提升教师某一方面的专业素养。形式多样的教学研究活动，会在某些层面上提升教师的专业素养，但是在时间短、任务重的情况下，进行主题式教研，对教师的专业素养提升更有针对性和高效性。例如，针对实验教学，研讨如何提升实验教学的效度，进行实验教学的观摩或者比赛，研讨在物理实验教学中突显实验效果的技巧和手段、实验数据的课上处理方法，以及如何提高学生在实验教学中的参与度等。

4. 积累式自我提升

各种提升的方式，如传帮带、集中学习培训、参加教研活动等，最终都要落实到教师个人的自我锤炼上。教师个人要有提升的意识，并且寻找各种机会来学习、积累、反思、提升，可以借鉴以下方法。

一是录制个人课堂实录，反复琢磨。教师可从中查看教学中哪些环节没有做好，也可以请其他老师提意见和建议，在后续教学中加以改进，重点强化某个方面的素养和能力的提升。

二是做学生的贴心人，用心陪伴。例如，记录学生课外辅导中的问题以及作业中反映出的问题并加以归纳总结；跟学生加强面对面沟通，和学生做朋友式的交流。这是物理教师情感素养培养和提升的好机会，可打破学生"物理很难学""怕学物理"的情感难关，让学生因为喜欢你而喜欢学习物理。

三是做学习的有心人，时常记录。学会积累总结才能有更好的提升，教师应点滴记录教学中的问题和心得，例如，一个物理实验中的异常情况，一个物理教学仪器的改进思路等。教师还应经常撰写教学笔记、教学反思，每节课后反思，每周阶段性反思，每个学段整体反思，循序渐进，进而形成教学论文，这是物理教师需要大力提升的素养。把教学中的一些灵感随时记录下来，这样不但能很快把握物理教学的专业技能技巧，还能通过不断积累形成一些明确的认识，逐渐凝练出自己的教学理念和教学思想。

5. 研修培训活动提升

提升教师的专业素养，其中一个重要途径是参加各种研修培训活动。教师应在培训前做好计划，培训后进行及时的总结。下面是某物理教师基于信息技术能力提升的个人研修计划。

表7-2

个人研修计划			
姓名		教龄	
学校		任教学科、年级	物理、高二
我常将信息技术应用在以下几方面	我应用信息技术最好的方面是	我认为我在以下方面应用信息技术的水平还有待提高	
文档编辑、课件演示文稿制作、考试数据统计分析、学生成绩的统计管理、实验视频播放、邮件收发、QQ群教研、写博客、资料搜集等	文档编辑、使用教材配套数字资源、用电子表格进行数据分析、到信息平台搜索资料	课件制作、多种信息技术的交互使用、指导学生运用现代信息技术学习	
此次培训中，想要解决的一个学科教学重难点问题	在物理教学中，如何充分利用信息技术组织教学，改善现代信息技术（网络平台）在课堂教学中的使用情况		

续 表

个人研修计划	
解决问题的基本 思路与方法	思路：对照测评结果所反映的自己在信息技术运用方面的不足，加强对选择的核心课、技术素养课以及专业发展课的学习，不断丰富自己的信息技术理论知识，提升自己的信息技术素养。 方法：认真观看专家讲座视频，不断运用到课堂教学中，加强理论与实践的联系，不断反思，争取信息技术应用能力有较大进步。
实施步骤	1.每天安排一定的时间学习，保障培训的时间。 2.反复观看专家的讲座视频，做好笔记，按时提交各项作业。 3.加强常用教学软件的操作使用练习，熟练使用其进行文档处理、课件制作，提高课堂教学的效率。 4.学习培训过程中多与学科内（或同一社区）的同事进行交流、沟通，对不懂的多问，争取更好掌握更多更先进的信息技术，应用于教学。
预期研修成果	1.能较为熟练地利用信息技术平台，应用信息技术有效地组织、管理课堂教学，能指导学生利用常用教学软件进行自主学习，共享学习成果。 2.能够有效地将信息技术与物理学科教学较好地结合起来，如，课堂教学中运用现代信息技术再现一些课堂内无法做到的实验，指导学生运用信息技术平台进行学习、测评等。 3.进一步提高文档处理、课件制作的水平。 4.进一步明确信息技术应用能力的标准和要求，为进一步深化课堂教学改革和课程改革提供理论支撑和经验积累。

　　教育走向内涵发展之路，是当今国际教育改革与发展的趋势与潮流，是尊重教育发展的现实选择。教育要发展，首先教师要发展，要不断提高自身的专业素养。教师是教育的直接承担者和教育改革的实施者，一切教育改革和发展都离不开教师的参与。改革教育、发展教育最终都要通过教师的教育实践才能实现，教师的专业化发展是提升教师专业素养、提高教育质量、实现教育内涵发展的重要途径。

　　我国的教育面临新的改革发展阶段，中学物理是重要的基础教育课程之一，而物理教师则是物理教学改革顺利进行的保障，因此，物理教师的专业素养的提升情况对教学改革起着至关重要的作用。物理教师应努力提升物理专业素养，以适应教育教学改革的要求，从新教师成长为骨干教师，并走向教师专业化，成为研究型教师。

第二节 基于深度学习的高中物理深度备课

一、基于深度学习的高中物理深度备课的意义

中学物理教师的专业发展是指中学物理教师通过不同种类的物理教育专业训练，获得从事中学物理教学所必需的物理教育专业的物理知识以及物理教学技能，不断提高物理教育素养，逐渐达到专业成熟的过程，也就是从一个"普通人"变成"中学物理教师"的专业发展过程。教师自身专业化的发展不仅有助于教学的有效开展，也是学校乃至教育发展的重要因素，所以教育界对于职前职后的教师培训与培养一直非常重视。2010年教育部、财政部全面启动中小学教师"国培计划"，2011年颁布《教师教育课程标准（试行）》，2012年国务院颁行《关于加强教师队伍建设的意见》并启动教师资格考试与定期注册制度改革试点，2013年教育部印发《中小学教师资格考试暂行办法》和《中小学教师资格定期注册暂行办法》，2015年国务院颁布《乡村教师支持计划（2015—2020年）》，等等，这些政策的颁布都说明教师需要进一步完善专业化的成长与发展。

不同阶段的教师在备课方面也呈现出了不同的情况，备课的深浅与教师的发展阶段有关。关于教师专业化发展的研究当前最具代表性的是Berliner（1988）的五阶段理论，后来孟迎芳、连榕、郭春彦根据我国教师评定的职称和教龄两个方面的要素将教师分为新手型教师、熟手型教师以及专家型教师。不同成长阶段的教师对于备课的深度有不同的要求与层次，在核心素养的时代要求下，教师应当充分挖掘自身的教学能力，研修科学素养的落实方式，将提

升素养目标的教学带入课堂。

基于以上背景，在课程标准的基础上以"核心素养"为时代背景，以促进深度学习的高中物理深度备课理念为指导，进行高中物理教师深度备课的探索，可以促进深度课堂的形成、深度学习的发生以及深度反思的进行，从而提升学生的物理核心素养。

二、基于深度学习的高中物理深度备课的含义和现状

1. 建构主义教学理论

20世纪80年代以来，建构主义超越现代主义与后现代思想的科学理念，成为当代社会科学中一种具有广泛国际影响、集大成的但也极具争议的思潮的统称。

当下关于建构主义的流派主要分为6种。

（1）个人建构主义。个人建构主义最早是由心理学家提出的。美国学者凯利（G. Kelly）的基本观点：个体通过理解重复发生的事件独自建构知识；知识是个体的、适应性的。随后皮亚杰强调，认识起因于有效与不断的建构；客体只是通过内部结构的中介作用才被认识的。

（2）激进建构主义。这一流派认为所有知识和所有知识假设都是社会建构的产物。布鲁尔和冯·格拉斯菲尔德是这一流派的代表人物。

（3）社会建构主义。英国的所罗门和美国的杜宾等是其代表人物。社会建构主义强调主体认识客体的社会性。

（4）社会建构论。它等同于爱丁堡学派的"强纲领"，包括四项原则，分别是因果性、无偏见性、对称性以及反身性。

（5）批判建构主义。它主要表现在后现代社会建构主义心理学领域，强调知识作为社会共同体的建构的性质，倡导多元文化方法论与话语分析的方法。

（6）语境建构主义。这一流派认为，知识是社会的建构；应关注话语的作用，话语分析是基本研究方法。

建构主义的核心观点认为：第一，认识是一个主观的建构过程；第二，在

建构的过程中主体根据自身已有的知识结构进行进一步的加工与发展。简而言之，建构主义认为学习是主动建构知识的过程，教师以及外界的参与对于学习者在建构知识的过程中起一个辅助的作用，学生会根据自身的知识结构以及认知情况，对新的事物或概念进行新的建构。建构主义者以其对学习的理解为基础，形成了以下建构主义的教学观。

（1）教学不是传递知识，而是教师根据教学目标指导和促进学生按自己的情况对新知识进行建构的活动。教师在学生的知识学习过程中充当参与者与促进者。

（2）学生、情境、合作和充分的资源能够有效地促进教学。教学的过程是学生个体进行建构以及师生、生生之间进行合作学习的过程，这样的过程需要有一定资源进行支撑，学生原有的经验也不能被忽视，学生的灵机一动或者经验知识往往成为交流讨论中思维碰撞的点。

（3）教师要杜绝单纯讲授式的教学方法，要应用支架式教学及交互式教学等多样的教学方法。多样教学方法的应用对于学生的建构过程有一定的帮助，学生能够在多样的教学方法中发现自己的学习优势以及不足，并且在不同的教学环境中建构知识的过程有助于学生多维思维的发展。

（4）正视每个学生的差异性以及关爱每个学生。每个学生的成长与发展都具有显著的个性化特征，教师的教学不是园丁强行修剪，也不应该是相同模具的制造，学生会根据自己的知识结构建构出新的知识结构，所以教师需要正视他们的差异性，并且要关爱每个学生。

2. 深度备课的含义

对于物理深度备课的探讨与尝试已成为众多教师的研究方向，多篇文章中也曾提出深度备课的方式与路径，但对于物理深度备课并没有确定的含义。

课题组在研究探讨中界定了物理深度备课的含义。所谓深度备课是指在核心素养的时代背景下，以立德树人为根本任务，关注评价导向物理教学，使备课具有物理学内在逻辑，符合时代需求与学生学习规律，将情境、知识、能力和态度有机整合的备课模式，以促进学生深度学习、深度反思，提高学生核心素养，同时能够进一步提升高中物理教师的备课质量。

邢红军教授提出了高端备课理念，所谓高端备课是指以物理课程与教学理论为指导，采用"备课"的形式，研究既符合物理学内在逻辑，又符合物理教学规律，同时符合学生学习规律并接受课堂教学实践检验的教学设计，体现"从物理知识传授到物理方法教育，再到物理思想形成"的核心理念。高端备课的侧重点在于理论与实践的结合，关注高校教师与中学教师的合作，而深度备课在此基础上，更突出核心素养的落实方式，通过深度备课的进行，能够引领学生进行深度学习，在深度学习的过程中，能够提升学生的批判性思维以及反思性思维，因此深度备课方式，将是构建评价反馈于教学的备课模式，关注备课的专业性、创新性、时代性与艺术性。

深度备课与传统备课的不同之处在于，深度备课以学生的深度学习为目标，通过备以课程目标为核心分解而成的课时目标、备以优化实验资源载体为目标的实验资源、备以问题链为主线的符合学生认知发展规律的思维载体、备以有效评价为落脚点的评价方式来更加行之有效地帮助学生建构物理知识、提升学习能力并培养学生相关的物理素养。

从知识体系来说，学生的深度学习有两个方面：横向，学会利用已学过的本学科知识和相关学科知识探究解决在学习中遇到的各种具体问题；纵向，学会对某知识点进行深入的探究以达到全面的理解和深层的认知。针对学生的深度学习，教师的深度备课也应该从横纵两个方面进行：横向，进行各版本教材的细节对比备课；纵向，一方面是对教材的纵向对比，即初中教材、高中教材、大学教材关于同一个知识点的界定，另一方面是对学生的前概念的摸底、现在的学习认知能力分析、后续螺旋回顾夯实基础的预估备课。只有这样的深度备课，才能在教学中真正地引导学生进行深入思考和深入探究，综合应用各学科知识深入解答学习中的疑难问题。

3. 国内有关备课的研究

《国家中长期教育改革和发展规划纲要（2010—2020年）》指出，在全面建设小康社会、加快推进社会主义现代化的关键时期，要把提高质量作为教育改革发展的核心任务，树立以提高质量为核心的教育发展观。教师的从业期基本是较为长久的，所以在教师的职业生涯中会面对时代与社会对教育或教师的新要求与新目标，同时教师面对一个个鲜活的学生，在教学育人方面也会遇到多样的挑战，所以种种的变化都要求教师能够与时俱进，不断学习。周宓老师就曾提出要组织和重构自己的知识结构，提升教师的整体素养以及能力。当前的集体备课存在着一些弊病，例如形统神散、排异趋同、内敛封闭、研究缺失等。周荣提出，要处理好统与分的关系，把握统一性；处理好同与异的关系，体现差异性；处理好教与研的关系，中小学教育面临着课业与自由发展的突出矛盾。

邢红军将高端备课应用于物理教学，当下以高端备课为主题的期刊文章有几十篇，均将高端备课的概念与理论应用于具体课程的设计与实践。传统教学设计是在信息加工理论的流程描述的基础上进行的，而邢红军教授提出的高端备课是在符合物理学特色的物理教学理论指导下，对最具体的物理教学问题做出合乎物理教学逻辑的引领。在高端备课的过程中，如何在纷繁复杂的问题情境与培养学生能力的迫切要求之间辨明教学的逻辑通道并找到坚实可靠的路径，就成为完成高端备课的核心任务。关于物理深度备课的研究相对不是很多，比较有代表性的是葛为民老师的《指向深度学习的深度备课研究——以一题多解，高效物理习题课为例》，任晔老师的《指向深度学习的深度备课——以苏科版初中物理"凸透镜成像的规律"备课为例》。二者的研究均以一个具体的课例进行了深度备课的尝试，对于深度备课的界定以及如何进行深度备课没有进行具体的分析与阐述。

4. 国外有关备课的研究

国外关于备课的研究主要是以教学设计理论的方式出现，教学设计诞生于20世纪40年代，到60年代逐步成为一门独立学科。教学设计理论受到认知心理学的影响，逐渐成为教师教学的指导思想。在此期间，加涅把自己的教学设计与认知理论相结合，将学习结果分为五大类；梅里尔也提出教学设计的成分呈现理论等。程序教学为教学设计的发展奠定了基础，而实践应用的需求直接推动了教学设计模式的发展。在这一阶段，奥苏伯尔的渐进分化思想、布鲁纳依学生成绩而逐渐提高学习复杂性的思想；马克勒和墨里等运用教学理论促进概念获得的思想，这些思想对教学设计的发展做出了较大的贡献。加涅的学习层次理论使教学设计内容不再只由学科专家决定。在众多流派中，迪克凯瑞的系统教学设计模式因操作性极强而受到广泛欢迎。他的教学模式主要由四个部分组成：一是确定学生应该达到的预期目标；二是安排与目标一致的教学活动；三是制定关于目标达成度的评价工具；四是根据学生的业绩和态度修改教学。如今，国外教学设计呈现出了以下的特点。第一，教学设计研究越来越呈现出跨学科特点。教学设计国际观"三部曲"体现出教学设计的研究越来越多地需要在一个更大的知识共同体中进行，最明显的就是学习科学对教学设计发展的促进作用和计算机技术对教育理念的实现起到的决定性作用。第二，运用技术创建有效学习环境成为教学设计研究的重要领域。各种计算机技术可以增加知识的获取渠道，并且可以作为促进学习的手段。第三，欧美学者在教学设计研究领域既共享着众多核心观点，又在研究角度和内容上各有不同，使整体研究成果深度交融。

三、基于深度学习的高中物理深度备课的原则与路径

高中物理教师在备课的过程中应当始终领会党和国家对于教育的总体方针，《国家中长期教育改革和发展规划纲要（2010—2020年）》指出，在全面建设小康社会、加快推进社会主义现代化的关键时期，要把提高质量作为教育改革发展的核心任务，树立以提高质量为核心的教育发展观。我国在发展学生核心素养的过程中也明确提出了核心素养所包含的具体目标，这为深度学习的备课提出了各项原则。

1. 高中物理深度备课的原则

（1）教学目标注重学科素养的原则

在时代背景下定义学科素养的含义与具体表现，也为具体项目的实施奠定理论思想基础。我国一线的高中物理教师应当将理论方针与实际教学相统一，

在深度备课的过程中，应当时时把握提升学生核心素养的总体思想与目标，并将要求渗透进具体的教学备课中，从宏观的角度上做到相对统一，确定具体的素养教学目标，提升备课的深度与层次。

（2）建构情境注重真实性的原则

从深度学习的内涵来看，它着意迁移运用，要求学生不仅要理解学习内容，还要深入理解学习情境。只有把握了情境的关键要素，才可弄清差异，对新情境做出"举一反三"、准确明晰的判断，从而实现原理方法的顺利迁移运用。倘若不能将知识运用至新情境中来解决问题，仅是肤浅的理解、机械的记忆、简单的复制，那么这种学习就仍停留在浅层学习的水平上。情境认知理论认为，学习的终极目标是将自己置于知识产生的特定情境中，通过积极参与具体情境中的社会实践来获取知识、建构意义并解决问题。作为一种建构性学习，深度学习不仅要求学习者懂得概念、原理、技能等结构化的浅层知识，还要求学习者理解掌握复杂概念、情境问题等非结构化知识，最终形成结构化与非结构化的认知结构体系，并灵活地运用到各种具体情境中去解决实际问题。这就要求教师一定要根据学习内容的特点、教学目标的要求、学生思维的发展状况适时创设能够促进深度学习的课堂情境，并引导学生积极体验，最终达到将所学知识与情境建立联系并实现迁移的目的。

（3）学习主体为学生的原则

"学生为主、教师为辅"的教学原则一直是一线教师所倡导的教学理念，我国学生在内容性知识方面的成绩一直较为突出，程序性知识以及认知性知识方面则较为落后，同时学生的科学学习态度以及认识论信念也有待提高。可见，新手型教师在教学的过程中更应突出学生的主体性，使学生学习的主动性以及学习科学的兴趣得到进一步的提升。高中物理深度备课在实施过程中应当秉承新课程改革所倡导的终身发展的理念，以学生的发展以及社会的发展为目的，全面深入落实学生主体性原则。

（4）教学内容研究深度化的原则

教是目的，研是手段，研为教服务，教以研来升华。教而不研则浅，研而不教则枯。教师应当始终秉承"研究者"的身份，以教师自身专业发展和学生思维发展为两大抓手，全面渗透新型教育理念，为教育教学注入生机与活力，从而真正将因材施教落到实处。研究型教师的专业发展不仅在于自身的元认知能力和实践能力的提升，而且在于激发学生的元认知能力，通过个性化的教学提升学生的学习深度与学习能力，将思维作为河流，知识作为载体，提升学生学习的实际所得，全面提升学生对于自我必备品格和关键能力的认识，真正提升学生的核心素养。

2. 高中物理深度备课的路径与方法

只有立足"学"，才能弄清楚"教"。所有关于教的问题的思考和设计，都应以对学的理解和把握为基础，否则，教就可能成为背离学的规律、脱离学的目的的无实际效果和意义的活动。深度学习的教学策略正是在深入研读深度学习理论的基础上，通过批判当前课堂学习中存在的浅层学习问题而提出的一种引导教师调整教学理念和教学行为的建议。为了能够更好地落实目标重素养、情境重真实、深度研究化以及主体为学生的深度备课原则，笔者重新调整与设计了深度备课的模板，高中物理新手型教师在进行深度备课的过程中应当紧紧围绕以下的备课路径与策略。

（1）以"为什么教"为出发点深入研究教材

新手型高中物理教师在教学的过程中往往会陷入知识点如何串联、学生如何更好地掌握知识点的困境中，陷入困境的原因在于我们往往只着眼于"如何教"的问题，而没有充分关注到"为什么教"的方面。正如PISA所倡导的理念，我们应该关注的是学生需要掌握的能力与技能。在分析PISA试题的过程中可以发现，试题几乎全为学生司空见惯的生活情境，我们应当关注学生为什么需要学习相应知识。教材的编写不是简单地将知识进行浅显的版块划分，它集合了众多教师的智慧，在内容性知识的背后潜藏着大量的程序性知识以及认知性知识。新手型教师可以充分利用集体备课的形式，关注专家型教师在教材研究的过程中所呈现出的方法与思路。同时，新手型教师应当及时养成研究教材与教参的习惯，积极与其他教师合作交流，形成研讨的优良氛围，将立德树人作为根本任务，以为什么教作为教学的出发点研究教材，在进行深度备课的过程中，关注到知识点的同时，能够思考学生为什么要学习这个知识点，从而能够对备课的思路以及教学过程中语言的组织与引导起到关键的作用。这种形式的深度研究教材不仅能够对教材内容有更加深刻的认识，也能够初步掌握学生的思维发展。例如：关于测量瞬时速度，粤教版新教材必修一第20页是这样描述的：

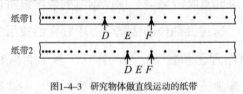

用打点计时器测量瞬时速度的方法

在直线运动中，要测量物体在某一点的瞬时速度，可以用测量包含这一点的平均速度来近似替代。如图1-4-3所示的是物体做直线运动时打点计时器记录物体运动轨迹打出的纸带，测量出包括点E在内的D、F两点间的位移 Δx 和时间 Δt，算出纸带在这两点间的平均速度 $\bar{v} = \dfrac{\Delta x}{\Delta t}$，用这个平均速度近似表示纸带经过点E时的瞬时速度（如纸带1所示）。D、F两点离点E越近，算出的平均速度越接近点E的瞬时速度（如纸带2所示），然而D、F两点距离过小测量相对误差增大。因而，应该根据实际情况选取这两个点。

图1-4-3　研究物体做直线运动的纸带

图7-2

而人教版新教材必修一第25页的描述如下图：

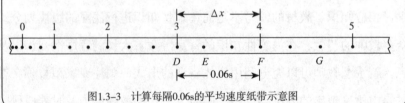

测量瞬时速度　下面考虑如何测量图1.3-2中E点的瞬时速度。

E点在D、G两点之间，D、G两点间的平均速度我们可以求出。如果不要求很精确，用这个平均速度粗略地代表E点的瞬时速度，也未尝不可。不过，如果把包含E点在内的间隔取得小一些，例如图1.3-3中的DF线段，那么经过D、F两点所用的时间 Δt 就会变短，用两点间的位移 Δx 和时间变化 Δt 算出的平均速度代表纸带在E点的瞬时速度，就会精确一些。D、F两点离E点越近，算出的平均速度越接近E点的瞬时速度。

▶　D、F两点间距离过小，测量误差会增大。所以，实际测量中要根据需要及所用仪器的情况，在要测量的点附近选取合适的位移和时间。请考虑此实验中产生误差的原因。

图1.3-3　计算每隔0.06s的平均速度纸带示意图

图7-3

两种版本的教材关于瞬时速度的测量都是选择极限思维来描述的，但是仔细对比发现，粤教版教材选择两条纸带对比说明D、F两点离E点越近，D、F间的平均速度越接近E点的速度，但D、F两点距离缩短后，纸带2上D、F两点间只有一个E点；而人教版D、F两点间有两个点，一个标为E点，一个未标明。为什么配图选点时会如此不同呢？D、F两点之间留一个点和留两个点有什么不同呢？

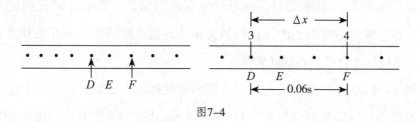

图7-4

这一节是必修一第一章的内容，学生还未学习到匀变速直线运动的规律，这里只是想渗透极限法的思想，当位移非常小、时间足够短时，微小位移的平均速度等于这段位移内的任何一个位置点的瞬时速度。为了避免让学生错误地认为E是D、F的中点，人教版教材特意在D、F之间留了两个点。这并不是说人教版教材配图更贴切，而是教师在备课时，通过不同版本教材的精细化对比，能够更加深入准确地对这部分教学内容进行理解和定位，既关注到了知识点，也思考了学生为什么要学习这个知识点。

（2）整合逻辑关联的学习内容，引导学生批判建构

深度学习实质上是结构性与非结构性知识意义的建构过程，也是复杂的信息加工过程，需要对已激活的先前知识和所获得的新知识进行有效和精细的深度加工。然而，许多中小学的课堂教学都是教师先将孤立的、非情境性的知识呈现给学生，然后通过举例、活动等方式让学生记忆和理解这些知识。这种知识的表征方式不利于学习者对知识进行有意义的整体感知。学生以孤立、零散、碎片的形式将知识存储于记忆中，当遇到新问题时，仅会机械地运用片段化的知识解决问题。由于知识的学习过程没有在新旧知识之间建立联系，新知识没有进入学生原有的认知结构，就会出现解决问题的效率

低、效果差的现象。深度学习的内容特点是基于问题的多维知识整合，在进行教学内容分析和设计时，教师需要全面地分析教材、深入地挖掘教材、灵活地整合教材，即将教材的内容打散重新组合，使内容具有"弹性化"和"框架式"特征，将孤立的知识要素联系起来，引导学生将知识以整合的、情境化的方式存储于记忆中。这样不仅有利于学生进行有意义的知识建构，还有利于知识的提取、迁移和应用。这就要求教师不仅要深入了解学生的先前经验，理解新知识的类型，指导学生在新旧知识、概念、经验间建立联系，还要引导学生将他们的知识归纳到相关的概念系统中，并在批判反思的基础上建构属于自己的新的认知结构。

例如：讲合力与分力的关系时，很多老师都用"等效替代"四个字来描述，若是能问问同学们"等效"与"替代"是什么关系，并列、递进还是因果，就会引发同学们的深入思考：是先等效后替代，还是先替代后等效呢？或者是因为等效所以替代，还是因为替代所以等效呢？经过深入的思考、对比，同学们很快能发现这个概念的深层含义，那就是：因为等效，所以可以替代；因为替代了，所以不能共存；那么画受力分析图时画了合力，就不能画分力，画了分力，就不能画合力，这是一个因果关系。类似这样的概念、定律，物理中还有很多，比如说牛顿第二定律，也是因果关系，因为受力，所以才产生加速度，因为产生了加速度，所以速度才发生了改变，故而才说：力是物体运动状态改变的根本原因。还有动能定律、动量定律也是因果关系；而机械能守恒定律、能量守恒定律是并列关系。在基础知识的教学中力求将教与学引向深入，让深度学习与深度教学贯串于日常教学的始终，这些都源于教师对教学知识的深度理解与加工。

（3）以真实生活情境为探究面提升实际应用能力

新手型教师自身具备灵活性和创造性的特点，对于身边所处的环境有较为敏感的洞察力和快速的适应能力，因此新手型教师的课堂应当充分挖掘物理与现实生活情境之间的联系，以学以致用为目标进行教学。许多学生在脱离物理系统学习后会感慨，认为学生时代的物理学习是没有实际应用的，初中的物理能够解释冬天窗户上雾气的形成，但是高中物理多为理想化的模型，在生活中缺乏直接的应用。新手型教师在高中物理的教学过程中更加需要将物理与生活之间的联系进行显化，学生只有在与生活结合更为紧密的情境中进行探究学习，才能够真正体会到学习的乐趣以及成就感，学生解决实际问题的能力才能够得到改善。

如何才能通过真实的生活情境引发学生的深入思考和深入探究，实现学生的深度学习和教师的深度教学呢？这就要求每位教师牢记：我们不是在教授知识，我们是在帮学生建构知识。例如：讲超重失重现象时，常用到的一个实例：观察某同学站在台秤上下蹲时，指针的摆动规律。观察现象只是浅层的探究，如何引发深层的探究，从而抓住超失重现象的核心呢？在引导学生分析现象时，教师可以设置这样几个问题：

①下蹲时，人经历了几个运动过程？

②每个运动过程抽象后对应什么运动性质（匀速、匀加速、匀减速），具有什么运动特征（速度方向、加速度方向）？

③各阶段运动与指针摆动有什么联系？

（通过递进式的问题探究，学生可以得出结论，加速度向上发生超重，加速度向下发生失重。实际上，此时学生对发生超重失重现象的理解还停留在浅层认知，他们并不清楚当运动出现上下方向对称时，超重失重现象是否对称。）

④生活中还有与下蹲类似的现象吗（如：直电梯下行）？

⑤直电梯上行呢？

（通过④⑤问，让学生发现直电梯上行时，先超重后失重；直电梯下行时，先失重后超重；似乎运动出现上下方向对称时，超重失重依次出现的顺序也会对称。这种错误的认知，老师先不要点破，让学生回答完⑥问后，自己发现这个错误，有利于学生自主深层思考，加深对现象的深度探究。）

⑥飞机起飞和降落时，发生的是超重现象，还是失重现象？

（看起来是对称的运动，但都是超重现象，从而给学生留下深刻的印象，再回顾⑤问，发现自己又犯了想当然的错误，判断发生超重与失重的条件是看加速度的方向，与速度方向无关；遇到问题，一定要引导学生深入思考，让学生体会到一种思考的乐趣。）

⑦请列举你知道的完全失重现象。

（太空舱中宇航员、自由落体运动。找不同：太空舱中宇航员与自由落体运动有什么不同？并提出一个问题。引导学生自己提出问题，也是引发深入思考的方法。）

⑧为什么太空舱中宇航员是飘浮的，自由落体运动是下落的？

（两种状态下加速度都等于重力加速度，但是加速度的作用效果不同，自由落体的加速度是改变竖直向下的速度，而太空舱中宇航员的加速度是重力加速度，同时充当向心加速度。）

仔细体味一下深度学习的核心问题可知，深度学习有一个十分重要的特点，就是教和学都很有"趣味"，这种教与学的"趣味"不是趣味实验中的热闹有趣，而是思考的趣味和探究的趣味，这种思考和探究的趣味很容易培养学生对物理学科持久而浓厚的兴趣。教师在备课的时候，积极主动地为学生搭建问题思维链，促进学生的深入思考，才是深度备课的具体表现。

（4）多角度培养科学思维，提升学生的核心素养

深度学习源于深度教学，深度教学来自深度备课，深度备课促进深度教学与深度学习的达成。以学生为本的教学理念一直是教师进行备课的主要方向，但是在实际教学的过程中，将学生科学思维培养作为重点的教学是需要教师反复体会与摸索的过程。如何将深度备课中的学生核心素养转化为学生的实际获得？教师应当学会研究学生，即关注学生的知识起点，从而确定知识目标，关注学生的认知风格，从而确定学习方式，关注学习动机、兴趣爱好，从而引导学生主动学习，关注问题解决、合作学习引导，总体而言就是关注学生的核心素养。根据学生的现状与深度备课进行对接调整的过程，就是在顺应和同化中将学生核心素养转化为学生的实际获得的深度备课。

深度备课的一个典型特征是实验资源、教学方法的可选择性。例如："电动势"概念的引入，备课时我们针对身边实际的教学器材和学生的学情，选择

合适的方法引入。

引入法1：实验探究（设置悬念，激发学生的好奇心与学习欲望）

问题1：闭合电键前后伏特表的示数是否均为1.5V？

问题2：实验结果与初中老师讲的一样吗？

引入法2：实验探究（亲身体验，引起学生深入思考和深入探究的欲望）

将一节新电池用导线短路一分钟左右，再用手触摸电池感觉温度的变化。

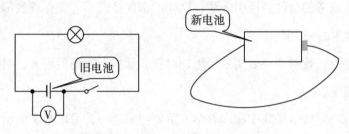

图7-5

引入法3：观察思考（眼见为实，观察现象，挖掘本质，激发兴趣）

问题1：依次按下开关，小灯泡的亮度如何变化？

问题2：小灯泡为什么会变暗？

依次按下开关观察小灯泡的亮度变化，思考小灯泡为什么会变暗。

（说明：为了观察到明显的灯泡亮度变化，避免因人眼的视觉停留而无法观察到灯泡变暗，建议先全部闭合开关，再依次断开开关，观察灯泡逐渐变亮的过程。）

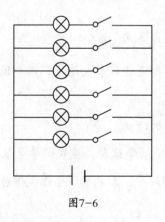

图7-6

引入法4：自主学习（通过问题导引，培养自主探究、自主思考的意识）

学生阅读课本相关内容，思考下列问题：

（1）最简单的闭合电路是由哪几部分组成的？

（2）电源的基本作用是什么？电动势的物理意义是什么？电源的电动势在数值上等于什么？电动势的符号与单位是什么？

通过多种方法对比，教师才能找到最适合自己学生的、最能促进学生深入探究、深入思考的最佳新课引入法；这样的深度备课，才能促进教师的深度教学，达成学生的深度学习。

另一方面，教师需要真实的历练，对核心素养有深刻的理解，对教学设计进行不断的反思。

例如：习题教学是高中物理教学的重要内容之一，习题教学的深度对于培养并提高学生的科学素养及应试能力均有十分重要的作用。片面地追求应试得分和完全不谈应试能力的培养都是不对的。习题教学若能达到一定的深度，学生的应试能力自然会得到提升。笔者在此特以一轮复习比较常见的习题为例探讨一下物理习题教学中的深度教学与深度学习。

例题：小明是学校的升旗手，国歌响起时他拉动绳子开始升旗，国歌结束时国旗恰好停在旗杆顶端。若国旗从A点由静止做匀加速直线运动，达到最大速度0.4m/s，然后以最大速度匀速直线运动，最后做匀减速直线运动恰好到达顶端点。已知国歌从响起到结束的时间是48s，至B的高度H=18m。

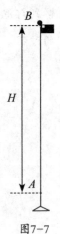

图7-7

（1）求国旗上升过程的平均速度；

（2）若国旗经过4s匀加速达到最大速度，求加速度a_1及上升高度h；

（3）求国旗匀速运动的时间。

此题是一个多过程的运动学试题，前两问学生基本不会出错，第3问有少数学生会出现错解一，大多数学生都是错解二，只有个别同学得满分。

错解一：沿用第2问的条件计算第3问，把上升阶段的时间取成4s进行计算，同时把加速上升和减速上升的加速度当成相等的，错误地算出中间匀速阶段位移是$H-2h=16.4m$，从而把匀速运动时间错解成41s。

错解二：沿用第2问的条件计算第3问，把上升阶段的时间取成$t_1=4s$，就得到：

$$h=\frac{v}{2}t_1=\frac{0.4m/s}{2}\times 4s=0.8m \qquad H=h+vt_2+\frac{v}{2}\cdot t_3 \qquad t_2+t_3=44s$$

联立得：$t_2=42s$

【错误的思维得到正确的结果】

正确解法一：第3问的求解，不能沿用第2问的条件与结果。

对总过程：$H=(t_1+t_3)v/2+vt_2$ 又：$t_1+t_3=t-t_2$

联立可得：$t_2=42s$

正确解法二：由$v-t$图得梯形的面积，$H=v(t_2+t)/2$

代入数据得：$t_2=42s$

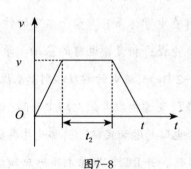

图7-8

这道题建议教师在讲评时，先展示学生的错解，让同学们来纠错，在纠错的过程中引导学生思维碰撞，从而引发学生的深入思考，发现3个关键点：①此题3小问是并列关系，不是递进关系，第2小问中"若国旗经过4s匀加速达到最大速度"，仅仅适用于第2小问的解答。②此题匀加速直线阶段和匀减速直线阶段不具有对称性，加速度的大小是否相等，无法确定。③第一阶段匀加速直线运动的时间，不影响中间匀速直线运动时间的求解，这里命题人想考查的知识点是共用最大速度的匀加速直线运动和匀减速直线运动的平均速度相等。通过这3个关键点的发现，让学生对此题达到纵深度的全景理解，这时再启发学生思考还有没有其他更简洁的解题方法（v–t图像法），引导学生对两种正确解法进行横向对比，体会不同思维的异曲同工之妙，达到思维的顿悟，真正的提高就发生在顿悟的时刻。

以上例题的解析既是教师引导学生纵向探讨深入学习、进一步明确解题原理的实例，又是教师引导学生横向对比深入学习、简便解题的实例，可见习题教学是深度学习与深度教学的重要内容。教师在习题教学备课时，也要深入挖掘，适时地变化条件，促进学生的深入思考，促成学生思维上的顿悟，以达到培养学生科学思维的目的。

四、基于深度学习的高中物理深度备课的案例

以粤教版选修3–1第二章第三节的"闭合电路的欧姆定律"为例。

【教材分析】

将"闭合电路的欧姆定律"安排在"电阻定律"之后，"多用电表"之前，充分说明本小节内容在电学体系具有承上启下的作用，它是从部分电路过渡到闭合回路的衔接点，也是分析复杂电路的基础。学好本小节内容将对下面几节的电学实验及选修3–2中的交流电的学习起到奠基性的作用。

本部分内容在2019年的高考物理考试大纲中有两个考点，分别是"电源的电动势和内电阻""闭合电路的欧姆定律"，都是Ⅱ类要求。这两个考点在历年高考题中几乎都有所涉及，并且经常联系电磁感应知识综合命题。

【学情分析】

有利的方面：通过前一阶段的学习，学生理解了静电力做功与电荷量、电势差的关系，认识并会处理部分电路欧姆定律的相关电路问题。这对闭合电路欧姆定律的推导过程有很大的帮助。

不利的方面：学生在初中阶段的电学学习过程中，所涉及的电源均视为理想电源，即U恒为E。而在高中阶段U和E是有区别的两个概念，二者不一定相等。要想扭转学生在初中阶段长期形成的思维惯性，尚需耗费较长的时间。

【教学目标】

1. 物理观念

①理解电动势、内阻、路端电压、内电压等概念；

②会推导闭合电路欧姆定律，并能应用其计算含电源电路；

③掌握路端电压与电流关系式及其图像的应用。

2. 科学探究与科学思维

通过实验培养学生观察、分析归纳和逻辑推理的能力。

3. 科学态度与责任

注重培养学生实验探索和科学推理相结合的科学观。

【教学重点】

1. 电源的电动势及内阻；

2. 闭合电路欧姆定律及其应用；

3. 路端电压与电流关系式及$U-I$图像法应用。

【教学难点】

理解闭合电路中沿着电流方向，各点电势升降变化情况。

【教学用具】

新旧电池、伏特表、小灯泡、路端电压和负载关系演示电路一套，多媒体。

【教学过程】

第1课时

创设情境：

实验探究1：怎样测量电池的电动势？

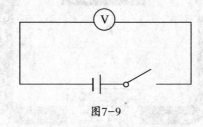

图7-9

实验探究2：把小灯泡接入电路，电压表读数小于1.5V，为什么不是1.5V呢？是谁"偷走了"电压吗？

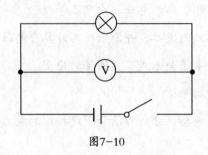

图7-10

1. 认识闭合电路

问题1：最简单的闭合电路是由哪几部分组成的？

闭合电路的组成

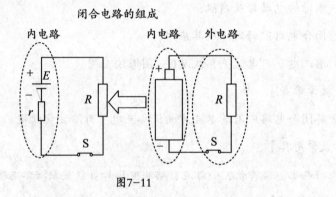

图7-11

问题2：在闭合电路中电流的流向及电源在闭合电路中起什么作用？

根据电路图分析电流形成的原因以及电源在电路中所起的作用。

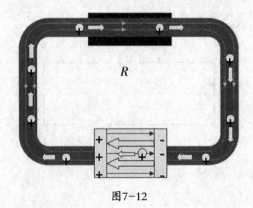

图7-12

电源的工作过程类似于如图7-13所示的抽水泵的工作过程。

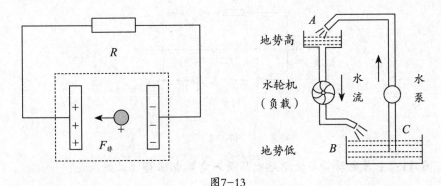

图7-13

电源的作用不是产生电荷，而是将其他形式的能转化为电能，将堆积在负极的正电荷移到正极，在电源的两极产生并维持一个恒定的电势差（电压），从而在电路中形成恒定的电流。

分析：电荷的定向移动形成电流。在外电路中，在静电力的作用下，正电荷由电源正极移动到负极，电流方向为由正极流向负极，沿电流方向电势降低。在电源内部（即在内电路中），通过非静电力做功使正电荷由负极移到正极，所以电流方向为由负极流向正极。内电路与外电路中的总电流是相同的。

（1）内电路、外电路、内电阻、外电阻。

（2）电源：是把其他形式的能转化为电能的装置。

（3）电动势：

① 物理意义：反映电源把其他形式的能转化为电能本领的物理量。

② 电源的电动势在数值上等于不接用电器时电源正负两极间的电压。

③ 符号与单位：符号为E，单位为伏特（V）。

2. 闭合电路欧姆定律

闭合电路欧姆定律的推导过程：

由以上分析可知：闭合电路外电路和内电路两部分，如图7-14所示。

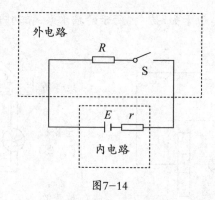

图7-14

问题1：电源电动势与外电路电压及内电路电压有什么关系呢？

方法1：实验法

实验装置如图7-15所示。

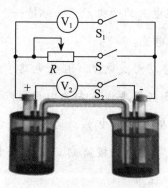

图7-15

（1）其中，电压表V_1示数为电源的外电压$U_外$，V_2示数为电源的内电压$U_内$。

（2）测量过程和方法：

①S_1闭合，S、S_2断开时，V_1示数为电源电动势E。

②S_1、S、S_2闭合，V_1示数为电源的外电压$U_外$，V_2示数为电源的内电压$U_内$

（3）结论：改变滑动变阻器R的阻值，多测几组电压，均满足$E=U_外+U_内$而$U_外=IR$，$U_内=Ir$，可得：$E=IR+Ir$。

方法2：能量转化法

如图7-16所示，若外电路两端的电势降落，即电势差为$U_外$；内电路中的电势降落，即电势差为$U_内$；电源电动势为E；当电键闭合后，电路中的电流为I，通电时间为t。试回答下列问题：

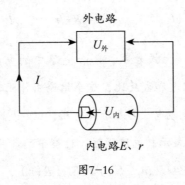

外电路

$U_外$

I

$U_内$

内电路E、r

图7-16

（1）在t时间内，外电路中静电力做的功$W_外$为多少？

$$W_外=qU_外=ItU_外$$

（2）在t时间内，内电路中静电力做的功$W_内$为多少？

$$W_内=qU_内=ItU_内$$

（3）电池化学反应层在t时间内，非静电力做的功$W_非$为多少？

$$W_非=qE=ItE$$

（4）静电力做的功等于消耗的电能，非静电力做的功等于转化的电能，根据能量守恒你能得到什么？

$$E=U_外+U_内$$

方法3：利用部分电路欧姆定律推导法

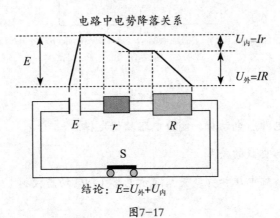

电路中电势降落关系

E

$U_内=Ir$

$U_外=IR$

E r R

S

结论：$E=U_外+U_内$

图7-17

问题2：依据上面得到的结果，推导出闭合电路中的电流I与电动势E、内电阻r、外电阻R的关系式。

$$E=U_外+U_内 \qquad E=IR+Ir \qquad I=\frac{E}{R+r}$$

闭合电路欧姆定律：上式表明，闭合电路中的电流跟电源的电动势成正比，跟内、外电路的电阻之和成反比，这个结论叫作闭合电路的欧姆定律。

例1：若用E表示总电动势，U表示外电压，U'表示内电压，R表示外电路总电阻，r表示内电阻，I表示总电流强度，观察下列各关系式：（1）$U'=IR$，（2）$U'=E-U$，（3）$E=U+Ir$，（4）$I=E/(R+r)$，（5）$U=ER/(R+r)$，（6）$U=E+Ir$，其中成立的是（　　　）

A.（1）（2）（3）（4）　　　　B.（2）（3）（4）（5）

C.（3）（4）（5）（6）　　　　D.（1）（3）（5）（6）

随堂训练：如图7-18所示，$R_1=14\Omega$、$R_2=9\Omega$，当开关S切换到位置1时，电流表的示数为$I_1=0.2A$；当开关S切换到位置2时，电流表的示数为$I_2=0.3A$。求：电源的电动势E和内阻r。

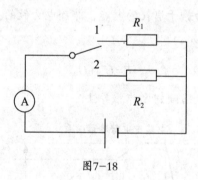

图7-18

第2课时

复习回顾：电源、电动势、闭合电路欧姆定律。

3.路端电压与负载的关系

实验观察：路端电压和负载关系演示电路（PPT动态模拟）。

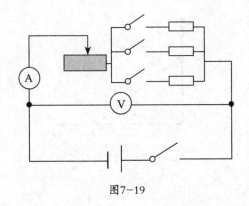

图7-19

理论推导：

问题1：对给定的电源，E、r均为定值，外电阻R变化时，电路中的电流I如何变化？

问题2：若外电阻R减小，路端电压$U_{路}$会有怎样的变化？

定性分析：$R\uparrow \rightarrow I\left(=\dfrac{E}{R+r}\right)\downarrow \rightarrow Ir\downarrow \rightarrow U\left(=E-Ir\right)\uparrow$

$R\downarrow \rightarrow I\left(=\dfrac{E}{R+r}\right)\uparrow \rightarrow Ir\uparrow \rightarrow U\left(=E-Ir\right)\downarrow$

结论：当外电阻增大时，电流减小，路端电压增大；当外电阻减小时，电流增大，路端电压减小。

方法总结：基本思路是"部分→整体→部分"，从阻值变化的部分入手，由欧姆定律和串、并联电路特点判断整个电路的总电阻、干路电流和路端电压的变化情况，然后再深入部分电路中，确定各部分电路中物理量的变化情况。

拓展到两个特殊情况：

外电路断路：$R\uparrow \rightarrow I_0\downarrow \rightarrow Ir\downarrow \rightarrow U=E$。

外电路短路：$R\downarrow \rightarrow I_0\left(=Er\right)\uparrow \rightarrow Ir\left(=E\right)\uparrow \rightarrow U=0$ $I=Er$，称为短路电流。

4.闭合电路的U-I图像

根据$U=E-Ir$知，E、r是定值，U与I是一次函数关系。

以路端电压U为纵坐标，电流I为横坐标，采用描点、拟合图像的方法，做出U与I的图像。

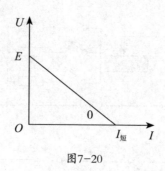

图7-20

图像的物理意义：

① 在纵轴上的截距表示电源的电动势E；

② 在横轴上的截距表示电源的短路电流；

③ 图像斜率的绝对值表示电源的内阻，内阻越大，图线倾斜得越厉害。

例2：如图7-21所示为两个不同闭合电路中两个不同电源的$U-I$图像，则下列说法中正确的是（　　　）

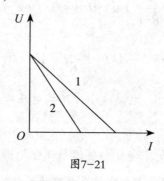

图7-21

A. 电动势$E_1=E_2$，短路电流$I_1>I_2$

B. 电动势$E_1=E_2$，内阻$r_1>r_2$

C. 电动势$E_1>E_2$，内阻$r_1<r_2$

D. 当两电源的工作电流变量相同时，电源2的路端电压变化较大

讨论与交流：

1. 在路端电压U与电流I的关系图像中如何确定电源的电动势和电源的内阻？

2. 无内阻的电源，即$r=0$的电源称为理想电源。理想电源的路端电压与电源的电动势的关系如何？（初中学习的都是理想电源）

物理来自生活：

思考：为什么晚上7、8点钟的时候家里面的灯看起来很昏暗，而夜深人静时又变亮了呢？

例3：如图7-22所示的电路中，电压表和电流表都是理想电表，若将滑动变阻器的滑动触点向b端移动，则（　　　）

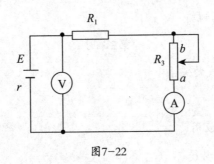

图7-22

A.电压表V的读数增大，电流表A的读数减小

B.电压表V的读数减小，电流表A的读数增大

C.电压表V和电流表A的读数都减小

D.电压表V和电流表A的读数都增大

随堂训练：在如图7-22所示的电路中，在滑动变阻器的滑动头向下移动的过程中，电压表V和电流表A的示数变化情况正确的是（　　　）

A.电压表和电流表读数都增大

B.电压表和电流表读数都减小

C.电压表读数增大，电流表读数减小

D.电压表读数减小，电流表读数增大

【板书设计】

第1课时

1.外电路和内电路、电源电动势和内阻

电动势：反映电源把其他形式的能转化为电能本领的物理量。电源的电动势在数值上等于不接用电器时电源正负两极间的电压。

2.闭合电路欧姆定律

① 内容：闭合电路中的电流强度跟电源的电动势成正比，跟内、外电路中的电阻之和成反比。

② 公式：$I=E/(R+r)$

　　　　或$E=IR+Ir$

　　　　或$E=U_内+U_外$

第2课时

3.路端电压与负载的关系

（1）$U=E-Ir$

（2）$U-I$图像的应用

① 纵截距为电动势E

② 横截距为短路电流

③ 斜率的绝对值为电源内阻r

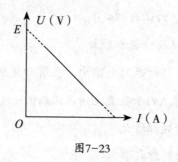

图7-23

【跟踪训练】

1.如图7-24所示的电路中，电源的电动势和内阻分别为E和r，当闭合开关S，向左移动滑动变阻器的滑片时，下列说法正确的是（　　　）

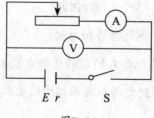

图7-24

A. 电流表的示数变大，电压表的示数变大

B. 电流表的示数变大，电压表的示数变小

C. 电流表的示数变小，电压表的示数变小

D. 电流表的示数变小，电压表的示数变大

2. 在如图7-25所示的闭合电路中，当滑片P向右移动时，两电表读数的变化是（　　）

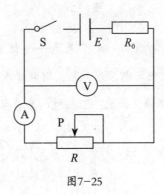

图7-25

A. A变大，V变大

B. A变小，V变大

C. A变大，V变小

D. A变小，V变小

3. 一电池外电路断开时的路端电压为3V，接上8Ω的负载电阻后路端电压降为2.4V，则可以判定电池的电动势E和内电阻r为（　　）

A. E=2.4V，r=1Ω

B. E=3V，r=2Ω

C. E=2.4V，r=2Ω

D. E=3V，r=1Ω

4. 如图7-26所示为伏打电池示意图，由于化学反应，在A、B两电极附近产生了很薄的两个带电接触层a、b。

（1）（多选题）沿电流方向绕电路一周，非静电力做功的区域是（　　）

A. R　　　　　　B. b　　　　　　C. r　　　　　　D. a

（2）在如图7-26所示回路的各区域内，电势升高的总和等于电源的＿＿＿＿＿。

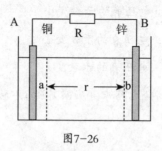

图7-26

5. 电动势为$E=12V$的电源与一电压表和一电流表串联成闭合回路（如图7-27甲所示）。如果将一电阻与电压表并联，则电压表的读数减小为原来的1/3，电流表的读数增大为原来的3倍（如图7-27乙所示）。求电压表原来的读数。

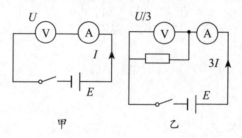

图7-27

在本节课的授课过程中，由于学生不同的知识背景，有部分学生的猜想在一定程度上超越了教师前期的预测情况，在这样的情况下，有的教师会根据自己的教学设计进行不和谐的规避，但是这样的生成性资源正是学生反映出的真实想法，教师应当予以重视，关注学生的思维变化。课堂不应该依据教师的设计进行，而应该充分发挥学生的主体性，所以在课堂上意想不到的资源更加应该成为课堂学习知识的生成点。本节深度备课的实践学生的反映很好，对于本节课的设计方面在课后我们做出了几个方面的修改。

（1）关注知识背后的核心素养。教学除了要教给学生知识以外，更重要的是提升学生的核心素养，就是说如果学生以后将物理知识忘了，他会留下什么。这是我们特别关注的一个方面，它不仅仅是以后有用，现在也有用，现在有用是指不仅对物理学科有用，对别的学科有用，在生活当中也有用。

（2）关注物理模型的建立过程。

（3）关注学生的思维表达。学生的回答每个班都不一样，都会出现意外，这也说明我们的备课是无止境的。

我们通过深度备课的多次实践与反思，在目标重素养、情境重真实、深度研究化以及主体为学生四原则的基础上，归纳深度备课四路径中需要注意的点。

（1）以为什么教为出发点深入研究教材。教师可以通过课程标准了解学生对于知识理应掌握的程度，在此基础上，教师需要以"为什么教"多次提问自身，了解教材编写的目的，一方面需要理清知识点的教学目的，不仅仅是应对考试，更加重要的是知识点对于学生的生活具有的作用，另一方面需要理清知识点在整个物理学习框架中的地位与作用。

（2）以真实生活情境为探究面提升实际能力。深度备课中需要设计学生解决实际问题的情境，学生能够综合利用以往的知识以及新生成的知识解决实际的生活问题，该问题可以是解释现象、评价实验过程、设计实验等方式，相应的实际情境可以是实验的情境，提升学生的实验能力，也可以是生活以及科技的情境，开阔学生眼界的同时拉近物理与学生之间的距离。

（3）以科学思维培养为落脚点体现学生为本。教师在深度备课的过程中应当给予学生表述的机会，让学生的思维通过口头表达以及动手实践的方式体现出来，教师可以分析学生的思维，并且关注课堂中的提问方式以及引导方式，从细节中培养学生的科学思维。

苏霍姆林斯基曾说："教师所知道的东西，应当比他在课堂上要讲的东西多十倍，多二十倍，以便能够应付自如地掌握教材，到了课堂上，能从大量的事实中挑选出最重要的来讲。"新课程改革理念下深度备课的过程不仅仅是为了学生能够形成必备品格和关键能力，也是为了教师自身专业能力的发展，因此在今后的教育教学过程中，教师应当充分关注自身专业素养的完善。教师深度思考激发深度备课，教师深度备课促进深度教学，教师深度教学融入学生深度学习。在今后的教学与研究中，我们希望能够继续研究深度备课的落实路径，拓宽课程类型，真正将学生核心素养的提升作为教学的重点。

参 考 文 献

［1］鲁文华.核心素养视角下高中物理教学情境创设策略［J］.文理导航·教育研究与实践，2020（5）：140–141.

［2］吴泽水.基于深度学习理念的高中物理教学引导策略探究［J］.西部素质教育，2018（14）：237.

［3］柳祥胜，陈健.高中物理课堂教学情境创设的案例分析［J］.湖南中学物理，2013（12）：17–18.

［4］张娜.DeSeCo项目关于核心素养的研究及启示［J］.教育科学研究，2013（10）：39–45.

［5］林钦，陈峰，宋静.关于核心素养导向的中学物理教学的思考［J］.课程·教材·教法，2015（12）：90–95.

［6］任晔.指向深度学习的深度备课：以苏科版初中物理"凸透镜成像的规律"备课为例［J］.物理教师，2017，38（3）：33–35.

［7］葛为民.指向深度学习的深度备课研究：以一题多解，高效物理习题课为例［J］.理科考试研究（综合版），2019（12）：40–43.

［8］陈清梅，胡扬洋，邢红军.物理高端备课：构建U–S合作的桥梁：以"生活中的圆周运动"为例［J］.教育科学研究，2013（12）：55–60.

［9］傅竹伟.在高中物理教学中促进学生深度学习的策略探究［J］.物理教师，2014（4）：6–15.

［10］刘光兵.中学物理教师专业发展研究［D］.苏州：苏州大学，2007.

［11］张贵元.新高考改革与基础教育的应对［J］.教育，2016（12）：231.

［12］陈怡.PISA理念下高中物理深度备课的路径与实践［D］.南京：南京大学，2017.

［13］宋怀彬.重视物理教师核心素养培养，提升教师课程执行能力［J］.物理教学探讨，2019（6）：1-5.

［14］高敏.教研转型的深度思考与实践探索［J］.基础教育论坛，2018（26）：3-6.

［15］安富海.促进深度学习的课堂教学策略研究［J］.课程·教材·教法，2014（11）：57-62.

后　记 ▶

2018年，我有幸成为广东省名教师工作室主持人，深感责任重大，任重道远，唯有躬耕不辍，致知力行。

作为工作室主持人，我想以名师工作室建设为平台，发挥区域内名师和骨干教师的引领作用和示范辐射功能，带动青年教师成长，打造高中物理优势学科，培育高中物理学科品牌；以名师工作室建设为契机，加大名师与骨干教师间相互交流、学习的力度，促进大家的共同成长和发展；以名师工作室建设为载体，探索名师凝练教学特色和锻造名师风范的路径，引导骨干教师重视自身的职业生涯规划，促进骨干教师的专业化成长。我理解的名师工作室的宗旨应该是：发扬和传承工匠精神，促进骨干教师成长，提升高中物理教育品质。

我希望全体工作室成员，经过三年的学习，都能更新教育教学理念，提高教育教学技能，更新教育教学方法，创造新型师生关系，突破个人职业瓶颈，进而在各自学校都能起到示范辐射的作用，带动青年教师快速成长，发挥好承上启下、中年骨干的力量。

三年来，我们一起学习、一起研讨、一起观摩、一起提升，每个成员都有了长足的进步，但是总觉得不够，我总是在反思，还可以在哪些方面引领他们，还可以在哪些方面突破。恰好自己也有一些教育想法，一直想把它们写下来，于是我想：何不带领工作室成员出一本书，把想法变成行动，让行动结出果实！这样可以帮助广大一线教师全面认知深度学习的理论，同时提供一些具体的典型案例，供一线教师参考，希望在实践操作上给一线教师提供一些有效的帮助。这个过程有纠结、有辛劳、有反思，更有欣喜和突破，大家朝着同一个方向努力，既成就了彼此，也建立了深厚的友谊。

本书所涉及的内容是关注学生在物理学习中的学习方式问题，而学习方式的改变情况决定着在新课程改革中学生学习的效果问题，这既与教师有关，也与学生有关。我们聚焦了目标为促进深度学习的教师的教和学生的学，关注了如何培养学生的物理学科核心素养，也关注了物理教师的专业素养提升。教师的专业发展是有阶段性的，三年站稳讲台，五年站好讲台，八年就进入了成熟期，大多数教师在工作十年之后都会进入一个平台期，这个平台期要怎么度过？是向更高的层次发展？还是从此止步不前，依靠年复一年的重复教学积累教学经验，还是及时更新自己的教育教学理念，让自己从成熟型的教师往艺术型的教师发展？这取决于每位教师对自己职业发展的追求，而名师工作室就是为了帮助有追求的教师进一步发展提升而搭建的成长平台。

历时三年，工作室的全体成员致力于课堂实践，开展课题研究，课题"促进深度学习的高中物理课堂教学策略研究"获得省级立项。如何促进学生的深度学习达成，如何提高教师的深度教研能力？在多样化的学习、交流、融合、提升的培养模式下，工作室每位学员的教学教研能力都有了长足的进步。起初，我们只是想着致力于深度学习的课堂教学实践研究，后来发现很多一线教师对深度学习的概念很是模糊，更不要说对学生层次的深度学习、教师层次的深度备课与深度教学的教学相长性的认识。

这本书的诞生，可以说历经重重困难。大家要克服不能一起实地合作研究的困难，只能分工合作，网络交流；但我们资源共享，共同协商，互助研究，取长补短。书稿经过几次修改，最终呈现在大家面前的这本书，虽然不能说是完美之作，但也是由整个工作室成员的心血凝结而成。书籍的出版标志着工作室成员们在这三年来的教学实践和研究取得了很好的成效，也标志着工作室成员在教育教学中取得的优异成绩，还标志着工作室成员们通过共同研习，在专业发展方面的显著进步。

虽然出版了这本书，但是，我们的研究还在继续，课堂教学还在继续，指导学生深度学习还在继续。下一阶段，我们将更加注重课堂实践研究，以期在实践操作上有更多的典型案例呈现给大家，也能有更多的实践经验与大家分享，为大家提供更多的参考与帮助。在此感谢广东省教育厅、广东省教师发展中心和韶关学院教师发展中心、惠州市师资培训科、惠州市教育科学研究院、惠州市华罗庚中学对工作室的大力支持，特别感谢惠州学院电子信息与工程学院谢卫东博士和惠州市教育科学研究院张增慧教研员对工作室的倾力指导，特别感谢华罗庚中学杨帆老师的友情帮助。唯有努力方不负努力，我们会一直努力前行。

这是一个教育变革的时代，我们面临很大的挑战，也有很多机遇。希望有更多的一线教育工作者加入实践研究的队伍中，更希望每位教育工作者都能及时更新教育观念，跟紧时代的步伐，做一名"四有"好老师，不忘"立德树人"初心，为党育人，为国育才，为教育的崛起贡献一分力量。

解凤英

2020年11月20日